날마다

믿음의 온도를 높이는 말씀 훈련

날마다

지은이 | 서승직
초판 발행 | 2022. 3. 23
6쇄 발행 | 2022. 4. 27
등록번호 | 제1988-000080호
등록된 곳 | 서울특별시 용산구 서빙고로 65길 38
발행처 | 사단법인 두란노서원
영업부 | 2078-3352   FAX | 080-749-3705
출판부 | 2078-3331

책값은 뒤표지에 있습니다.
ISBN 978-89-531-4176-6 03230

독자의 의견을 기다립니다.
tpress@duranno.com www.duranno.com

날마다

믿음의
온도를 높이는
말씀 훈련

서승직
지음

두란노

차례

1부   '날마다'
이야기의 시작

오랫동안 품었던 질문이 있었습니다.

"예수 믿는다고 사람이 변하나?"

저는 예수님을 믿어도 성질은 안 바뀌는 줄 알았습니다. 그것이 어려서부터 목사 아들로 교회에서 자랐던 저의 경험이었고, 또 많은 사람에게서 '예수도 다 자기 성질대로 믿는다'는 말을 들었기 때문입니다. 더 중요한 이유는 저 자신을 보아서 그랬습니다.

그러나 성경은 분명히 그리스도 안에서 사람은 변한다고 증거합니다. "그런즉 누구든지 그리스도 안에 있으면 새로운 피조물이라 이전 것은 지나갔으니 보라 새것이 되었도다"(고후 5:17). 그럼에도 좀처럼 믿어지지 않았습니다. 그런데 24시간 주님과 동행하기 위해 매일 일기를 쓰면서 제 안에 분명한 확신이 생겼습니다. '주 안에서 사람이 바뀐다'는 것이었습니다.

저는 서승직 목사님이 쓰신 《날마다》를 읽으면서 참 놀랐습니다. 서승직 목사님도 목사의 아들로 자라며 저와 비슷한 고민을 했던 것입니다. 그리고 저와 비슷한 시기에 깊은 영적 몸부림 가운데 성령으로부터 명확한 답을 깨달았습니다. 그렇게 시작한 것이 '날마다' 영성 훈련입니다.

어쩌면 이렇게 비슷한 고민과 갈망 그리고 비슷한 성령의 인도하심을 받았는지, 책을 읽으면서 전율할 만한 충격과 감동을 받았습니다. 그래서 이 일이 주님이 하신 일임을 확신할 수 있었습니다.

사람이 변할 수 있습니까? 변한다면 어떻게 변하는 것입니까? 근본적으로는 말씀과 성령으로 되는 일입니다. 그러나 말씀과 성령의 역사가 일어나려면 날마다 보고 듣는 것을 바꾸어야 합니다. 많은 그리스도인이 자신이 변화될 것을 믿지 못합니다. 가족이 변화될 것도 믿지 못합니다. 교인들이 변화될 것도 믿지 못합니다. 그것은 날마다 보고 듣는 것이 눈으로 보는 세상뿐이기 때문입니다. 롯이 소돔과 고모라 사람들이 행하는 불법하고 음란한 행실을 날마다 보고 들음으로 마음이 상했던 것과 같습니다.

사람이 변하는 것은 근본적으로 말씀과 성령으로 되는 일입니다. 그러나 날마다 보는 것과 듣는 것을 바꾸지 않는 한 아무리 주일 예배나 부흥회 때, 제자 훈련에서 은혜를 받아도 우리의 삶은 변화되지 않습니다.

하나님이 이스라엘 백성을 보며 탄식하신 것은 그들의 굳어진 마음 때문이었습니다. "너희 마음을 완고하게 하지 말라 … 그들이 항상 마음이 미혹되어 내 길을 알지 못하는도다"(히 3:8-10).

어떻게 하면 마음이 완고해집니까? 그냥 내버려 두면 완고해집니다. 대부분의 사람들이 마음을 내버려 둡니다. 그래서 마음이 거칠고 황폐해진 것입니다. 이렇게 마음은 한 번 굳어지면 스스로 회복하기가 정말 힘듭니다. 그래서 "오직 오늘이라 일컫는 동안에 매일 피차 권면하여 너희 중에 누구든지 죄의 유혹으로 완고하게 되지 않도록 하라"(히 3:13)고 한 것입니다. '오늘이라 일컫는 매일매일'이 너무나 중요합니다.

서승직 목사님은 동료 목회자나 하나님이 맡겨 주신 교인들을 위해서도 이 책을 썼지만, 특별히 자녀들에게 물려줄 신앙의 유산으로 썼다고 했습니다. 저는 서 목사님의 심정을 충분히 이해할 수 있을 것 같습니다.

이 책은 반드시 읽는 이들로 하여금 삶의 변화에 대한 확신을 갖게 해 줄 것입니다. 그리고 성경 말씀으로 날마다 주님과 동행하는 삶을 살도록 돕는 귀한 안내서요, 지침이 되어 줄 것입니다.

유기성 선한목자교회 담임목사

"사람이 변화될 수 있을까?"

이것은 저자가 뉴질랜드 등지에서 목회하는 동안 뜨겁게 만났던 영적인 체험과 교회의 부흥에도 불구하고 다시 예전으로 돌아가는 교인들의 모습을 보면서 갖게 된 질문입니다. 사실 이 같은 모습은 한국 교회 상황에서 낯설지 않습니다. 그래서 던지는 저자의 또 다른 의심스러운 질문, "예수 믿으면 정말 사람이 새로워지는가?" 하는 물음에 고개를 끄덕이지 않을 수 없습니다.

사실 이 책은 모든 목회자와 성도들이 겪는 똑같은 경험과 질문을 다룹니다. "왜 사람은 변하지 않는가?" 이 책이 유익한 것은 그와 같은 경험과 질문을 반복하며 추구하다가 깨달은 것을 나누고 있기 때문입니다. 우선 저자가 깨달은 것은, 아무리 기막힌 체험을 했을지라도 일상의 삶에서 보고 듣는 것을 바꾸지 않는 한 다시 원래대로 돌아간다는 것입니다. 한마디로 다른 삶이 필요함을 안 것입니다. 그 깨달음을 롯의 모습에서 찾았는데, 저자는 롯의 의로운 마음이 상한 것이 날마다 불법한 행실을 '보고 들음으로' 일어났음을 알았습니다. 그러면서 반대로 '날마다 온전하고 거룩한 것을 보고 듣는다면 새로워지지 않겠느냐?' 하는 질문이 생긴 것입니다.

이와 같은 질문에 대한 신앙적 추구로, 간절하고 답답한 마음으로 답을 찾다가 저자가 택한 것은, 날마다 같은 말씀의 성경을 읽고 묵상하며, 그 말씀으로 설교하고, 교인들도 동일한 말씀으로 서로 나누는 것이었습니다. 하지만 더 중요하게 여긴 것은 성도들을 가르치는 것보다 먼저 자신이 날마다 말씀 보기를 실천하는 것이었습니다. 그렇게 11년째 성경 66권을 묵상했는데, 그것은 하나님과 깊은 대화를 나누는 영적 일기를 쓰는 것으로 나타났습니다.

이 책은 그와 같은 '날마다'의 추구가 어떤 열매를 거뒀는지를 이야기하고 있습니다. 당연히 저자 자신이 변화를 경험합니다. 또한 교인들의 변화를 보게 됩니다. 이와 같은 경험을 하게 된 저자가 한국 교회에 '날마다'를 소개하고 싶은 간절함이 이 책을 쓰게 된 이유임을 알 수 있습니다.

이 책이 더 유익한 것은 '날마다'에서 배우는 일반적인 원리만이 아니라 영적인 원리에 대해 경험적으로 적고 있는 것인데, 어떻게 해야 할지 모르는 독자들에게 좋은 가이드가 되는 보석 같은 내용이 아닐 수 없습니다. 특히 저자는 '날마다'의 원리를 다니엘, 요셉 등을 시작으로 예수가 보여 준 모습에서 찾으며 탄탄한 성서적 근거를 제시하고 있습니다.

그러므로 만일 신앙생활이 따분하고 지루하거나 신앙생활에 정체를 느끼고 있다면, 이 책은 매우 정확한 처방전을 제시하고 있다고 확신합니다. 오늘과 같은 상황에서 변화를 갈망하는 이들이라면 누구에게나 이 책의 일독을 강력히 권하고 싶습니다.

하정완 꿈이있는교회 담임목사

서승직 목사는 학부 시절부터 지금까지 교제를 이어 온 각별한 인연입니다. 아버지끼리도 친구셨으니 가족 간의 인연도 각별하다고 할 수 있습니다. 제 기억 속의 서승직 목사는 하나님이 주신 좋은 목소리로 열심히 찬양을 하던 사람이었습니다. 트레스 디아스(Tres Dias) 영성 훈련에서 은혜롭게 찬양 인도를 하던 모습이 지금도 생생합니다. 평소 영성에 관심이 많았던 서승직 목사의 성실함이 이 책으로 이어졌다는 생각이 듭니다.

각종 매체에서 나오는 시각적, 청각적 자극이 가득한 요즘, '무엇을 보고 들어야 하는가'는 그리스도인들에게 중요한 화두가 아닐 수 없습니다. 코로나19로 인해 신앙의 모습이 더욱 다양해졌기에 과연 내가 무엇을 보고 들으며 살고 있는지 반드시 점검해야 합니다.

흔히 신앙의 연수와 깊이가 늘 비례하는 것은 아니라고 말합니다. 뉴질랜드에서 목회를 하던 서승직 목사에게 다가온 '그냥 교회만 다니는 사람들'에 대한 자각과 '은혜가 사라진 자리'에 대한 물음이 그의 목회 여정에 큰 변화를 주었습니다. 이 책을 통해 서승직 목사가 얼마나 치열하게 씨름하며 하나님에게 해답을 구했는지 알 수 있었습니다. 그리고 이어지는 '날마다'의 열매들을 통해 그의 내면과 목회가 얼마나 말씀으로 풍성해졌는가를 느낄 수 있었습니다.

저 또한 한 사람의 목회자로서 코로나19 상황 가운데서도 우리 교회의 교인들이 '어떻게 하면 매일 말씀을 묵상할 수 있을까, 어떻게 하면 더 풍성한 신앙생활을 할 수 있을까'에 관한 고민이 끊이지 않았습니다. 그러한 고민 끝에 2021년 한 해 교인들과 다 함께 매일 오스왈드 챔버스(Oswald Chambers)의 《주님은 나의 최고봉》(토기장이 역간)을 묵상했고, 2022년에는 교인들과 날마다 어떻게 하면 더욱 알차게 성경을 통독하며 신앙을 훈련할 수 있을까 고민하며 준비하던 중에 이 책을 접하게 되었는데 도전과 격려가 되었습니다.

앞서 이야기했듯이, 한 사람의 신앙인으로서 우리 모두는 내가 무엇을 보고, 듣고 있는지 점검해야 합니다. 날마다 말씀 안에서 보고, 듣고, 살자고 말하면서 자신이 보고 들은 것을 친절하게 이야기하고 있는 이 책을 통해, 독자들은 그가 말하는 '날마다'가 무엇인지, 그것이 왜 중요한지를 넘어 말씀과 신앙을 바라보는 새로운 시각을 얻을 수 있을 것입니다. 코로나19 상황으로 신앙에 회의가 들고 변화가 갈급한 사람들에게 이 책을 추천합니다.

김병삼 만나교회 담임목사

서승직 목사의 《날마다》는 꾸준함의 결정체입니다. 어떤 프로그램을 하루 이틀 시도해 보고 낸 책이 아닙니다. 10년 이상 구체적인 말씀과 기도의 삶을 꾸준히 실행하면서 자신도 변하고, 교인들도 변해 가는 모습을 보면서 쓴 책입니다. 꾸준함이 위대함입니다. 그래서 《날마다》는 위대합니다.

서승직 목사를 만난 것은 1984년입니다. 감리교신학대학교 84학번 동기로 만나 지금까지 목회 현장에서 희로애락을 함께하고 있습니다. 신학교 시절에도 서목사는 꾸준했습니다. 꾸준히 노래를 불렀고, 꾸준히 글을 썼고, 꾸준히 책을 보았습니다. 목회하면서도 그런 꾸준함은 계속되었습니다. 그래서 서 목사가 사역

했던 곳에는 반드시 열매가 있었습니다. 그때마다 그는 꾸준히 이렇게 고백했습니다. "모든 것이 하나님의 은혜야." 이 책은 하나님의 은혜에 대한 그의 간증이기도 합니다.

서 목사는 목회하면서 늘 변하지 않는 교인들로 인해 고민을 많이 했습니다. 다양한 방법으로 교육하고, 제자 훈련도 시도하고, 믿음의 교제도 하고, 헌신의 기회도 주고, 뜨거운 말씀의 체험을 맛보게 해도 그 순간뿐이었다고 했습니다. 특별한 계기로 은혜를 받지만, 그 은혜가 사라진 자리에는 이전보다 더 큰 문제가 찾아오곤 했다고 합니다. 그렇게 교인들의 변화를 고민하다가 만난 길이 '날마다'입니다. 뉴질랜드에서 목회할 때도, 한국에 돌아와 교회를 개척한 후에도, 새샘 교회 담임이 된 후에도 교인들과 '날마다'를 시도하면서 마르지 않는 은혜를 경험하고 있습니다. 그 은혜 가운데 교인들은 서서히 변화되어 갔고, 더 중요한 것은 서 목사 자신의 변화입니다. 이 책은 변화된 자신의 고백록이기도 합니다.

날마다 성경을 읽고 기도하는 것이 중요하다는 것을 모르는 교인은 없습니다. 그러나 날마다 성경을 제대로 읽고 묵상하며 기도하는 교인은 드뭅니다. 앎이 삶이 될 때 변화가 옵니다. 《날마다》는 그것을 보여 주고 있습니다. 코로나 시대를 핑계로 날마다 주님과 멀어지는 삶이 아니라, 오히려 《날마다》를 통해 주님과 더 깊이 교제하는 기쁨을 맛보기 바랍니다. 목회자는 물론이고 모든 교인이 읽어 보길 권합니다. 쉽고 간결한 필체로 썼기 때문에 누구나 재미있게 그리고 의미 있게 읽을 수 있을 것입니다.

임용택 안양감리교회 담임목사

"변화는 가능한가?"

　이것은 모태 신앙인으로 태어나 아버지의 목회를 지켜보면서, 또한 목회를 하는 지금까지 제 안에서 끊임없이 제기되는 평생의 질문입니다. 그동안 목회 현장에서 신앙과 삶의 수많은 시행착오를 겪으며 실패와 실수의 반복 속에서 깨달은 것이 하나 있습니다. 학교에 다닌다고 다 성적이 좋은 것이 아니고, 해외에서 산다고 다 외국어를 잘하는 것이 아니며, 교회에 다닌다고 다 신앙이 좋은 것은 아니라는 것입니다.

　사람의 성격이나 성향은 그가 살아가는 삶의 자리에서 '날마다 무엇을 보고 듣는가'에 따라 각각 다르게 형성됩니다. 아무리 은혜를 받고 신비로운 체험을 했더라도, 영원한 것을 깨닫는 영적 경험이 있을지라도, 그 특별한 사건이 우리의 삶에 진정한 변화를 주지는 못합니다. 변화는 우리가 일상에서 '무엇을 보고 듣는가'에 달려 있습니다. 그것은 날마다, 매일, 항상, 범사에, 쉬지 않고, 계속해서, 늘 현재의 우리를 만들었고, 또한 미래의 우리를 만들 것입니다.

　그래서 '날마다'를 시작했습니다. 우리가 시작한 날마다 성경을 보고 듣는 훈련은 말씀을 읽어도 잘 이해하기 어려워하는 교인들에게 쉽고 자연스럽게 말씀과 친근해지도록 돕는 역할을 해 주었습니다.

　이제 '날마다'로 말씀과 함께한 지 10년이 되었습니다. 시작부터 '날마다'

는 우리 공동체의 고유 명사가 되었고, 이제는 제 안에서, 교인들 안에서, 교회 안에서 움이 트고, 싹이 나고, 꽃이 피고, 조금씩 열매가 영글어져 가는 것을 봅니다. 조심스럽게 서로 성장하는 모습을 지켜보면서 우리는 이렇게 말합니다. "날마다 합시다!"

흔히들 말하는 '목회 성공', '성공한 목회자'라는 말을 듣기 원한다면 '날마다'는 그 답이라고 말할 수 없습니다. 그러나 성도의 삶, 그리스도인의 삶의 변화에 마중물을 얻고자 한다면 '날마다'에 도전해 보라고 말하고 싶습니다. 그리고 계속 샘이 솟는 생수의 강을 얻고자 한다면 '날마다'로 그 펌프질을 해 보라고 권하고 싶습니다.

그동안 말씀을 전하러 다닐 기회가 있을 때마다 '날마다'를 이야기하며 도전하도록 독려해 왔습니다. 여러 해 전부터 '날마다'에 대한 이야기들을 책으로 만들어 달라는 요청들이 있었습니다. 그러나 오랜 시간 많이 망설였습니다. 행여나 어설픈 필력으로 하나님의 일하심을 제한하게 되지는 않을까, '날마다'가 목회 필살기처럼 표현되지는 않을까 하는 걱정이 앞섰기 때문입니다. 그러다가 용기를 냈습니다. 하나님이 선물로 보내어 맡겨 주신 두 자녀가 하나님의 소명을 받고 목회의 길을 걷는 것을 보면서 '앞선 선배로서, 또 아버지로서 딸과 아들에게 해 줄 수 있는 것이 무엇일까? 나는 무슨 말을 해 주고 싶은가?'를 고민하다가 지난 목회의 여정을 돌아보며 생각해 보았습니다. 군더더기로 수고한 모든 시간과 열정을 다 털어 내고 나니 남는 것은, 남겨 줄 것은 '날마다'뿐이었습니다. 언젠가 목회의 여정에서 한 번쯤 '날마다'가 그들의 나침반이 되어 줄 수 있기를 바랄 뿐입니다.

만약에 지나온 교회와 성도들을 다시 만날 기회가 주어진다면 역시 '날마다' 외에는 달리 할 말이 없을 것 같습니다. 뉴질랜드의 오클랜드교회로부터 말로 다할 수 없는 사랑의 빚을 진 자로서, 그 교회가 제게 던져 준 숙제를 마무리해서 제출하는 마음으로 이 책을 엮습니다. 진실한 답을 내어 놓기 위해 길고 긴 시간을 참고 견디며 '날마다'와 씨름하느라 힘들고 또 힘들었지만, 감사하고 또 감사했습니다. 이제 비로소 오클랜드의 성도님들께 사랑의 마음을 담아 전합니다.

회복의 교회에서 '날마다'의 첫날부터 이제까지 말씀을 끌어안고 변함없이 동행해 준 성도님들께도 감사드립니다. 여러분들이 있어서 저도 지금까지 '날마다'를 놓지 않을 수 있었습니다. 서로 지칠 때마다 보조를 맞추어 사랑의 걸음을 걸어 주신 것을 하나님이 꼭 기억해 주시길 기도합니다.

두 교회가 하나의 공동체가 되던 첫 만남부터 '날마다'를 외치던 목사를 묵묵히 따라와 주고 오랜 시간 동안 '날마다'의 자리를 함께 지켜 준 새샘 공동체, '날마다'밖에 모르는 이 부족한 종을 속 깊은 친절과 사랑으로 받아 준, 거치는 자 하나 없이 온유하고 잔잔하고 변함이 없는 새샘교회의 성도님들께도 진심으로 감사드립니다.

숙제를 준 교회도, 숙제를 함께해 준 교회도, 거룩한 만남으로 맺어진 성도님들도 지난 10년간 날마다 말씀의 샘에서 생수를 길어 올리던 진심을 담아 주님의 사랑으로 축복합니다.

이제 다시 질문을 던져 봅니다.

"변화는 가능한가? 그리고 변화는 지속될 수 있는가?"

이것은 단번에 이루어지지 않는다는 것을 잘 알기에 여전히 이 지루한 '날마다'와 씨름을 하면서 언제나 틀림이 없는 하나님의 말씀 앞에 겸손히

무릎을 꿇습니다. 날마다 양식을 거두듯 말씀을 거두어들입니다. 그저 말
씀을 간절히 붙잡아 봅니다.

2022년 3월

날마다 말씀 먹는 목사

서승직

1부

'날마다'
이야기의 시작

1. 그냥 교회만 다니는 사람들

"엘리야가 모든 백성에게 가까이 나아가 이르되 너희가 어느 때까지 둘 사이에서 머뭇머뭇 하려느냐 여호와가 만일 하나님이면 그를 따르고 바알이 만일 하나님이면 그를 따를지니라 하니 백성이 말 한마디도 대답하지 아니하는지라"(왕상 18:21).

부끄러운 영어 실력

내 부끄러운 이야기로 '날마다' 이야기를 시작해야겠다. 나는 2001년 11월부터 약 7여 년간 뉴질랜드에서 이민 생활을 하며 이민 목회를 했다. 절대 짧지 않은 시간이니 영어를 제법 잘할 만도 한데 내 영어 실력은 빵점이다. 창피한 일이지만 사실이다.

뉴질랜드에 도착한 지 이틀 후부터 한 교회를 섬기게 되면서 이민 생활은 시작되었다. 그저 나라만 다를 뿐, 한국에서 목회하던 것과 별반 다르지 않은 이민 목회는 내게 영어를 해야 할 필요성을 뼈저리도록 느끼게 하지 못했다. 더구나 담임을 맡게 된 오클랜드 감리교회의 예측하지 못했던 급성장으로 인해 정신없이 바쁜 시간을 보내야만 했다. 변명 같지만 온 마음과 정성을 다해 목회에 에너지를 쏟아 내듯 하다 보니 영어를 배울 시간이 없었다.

사실 영어로 말을 해야 할 일도, 서둘러서 영어를 배워야 할 이유도 없었다. 가끔 급하게 영어를 사용해야 하는 중요한 일이 생기면 교회 지체들이 도와주고 다 해결해 주니 영어를 못해도 심각하게 부담스럽지 않았다. 필요한 물건을 사거나 은행 일을 처리하는 등의 기본적인 생활 영어만 하면 큰 불편 없이 살 수 있었다. 그러나 이민 교회를 섬기다가 귀국을 하니 사람들은 당연히 내가 영어를 잘하리라 생각한다. "영어 잘하시겠어요!"라고 하는 이들에게 나는 대답하기가 너무 부끄럽고 쑥스럽다.

부끄러운 교회 생활

귀국 후 목회를 하면서 뉴질랜드에서의 나의 모습과 비슷한 삶을 살아가는 사람들이 교회 안에 많이 있는 것을 보았다. 교회를 다닌 시간은 오래되었지만 기본적인 신앙생활조차 너무 모르는 사람들이 생각보다 많았다. 예배 시간이나 성경 공부 시간, 속회, 심방 등에서 성경 말씀을 잘 찾지 못해 쩔쩔매는 사람들, 기도하는 것이 뭔지도 모르면서 직분을 받은 사람들, 예수가 누구인지, 구원이 무엇인지도 모른 채 세례를 받은 사람들, 세상 살아가는 방법으로 결혼 생활, 자녀 양육, 학교생활, 직장 생활, 사회생활 및 교회 생활을 하면서 당당하게 신앙인(그리스도인)이라고 말하는 사람들로 가득 차 있었다. 마치 광야로 나아가지 않고, 즉 출애굽하지 않고 애굽에서 적당하게 신앙생활을 하며 살아가려는 사람들 같았다.

🌀 시간이 해결해 주는 교회

얼마 전 청년부 특강 시간에, 은혜를 받았다고 해서 저절로 신앙이 자라는 것은 아니라는 내용을 설명하는 중에 한 청년이 손을 들고 질문을 했다. "목사님, 제가 알기로는, 교회에서는 그냥 시간이 지나면 직분을 주던데요?" 순간 흠칫 놀라지 않을 수 없었다. 생각해 보니 교회는 전에도 그랬고, 지금도 여전히 그런 일들이 행해지고 있다. 부끄럽지만 나 역시도 그렇게 직분을 주었던 적이 있다. 직분자를 세울 때마다 '교회에 오래 다녔으니 직분을 줘야 하지 않느냐'는 요청이 의외로 강력하게 들어올 때가 많다. 이러한 일을 막기 위해 나름대로 규정을 만들고 선발 과정을 좀 더 엄격하게 하려다 보면 제법 많은 논란이 야기되기도 한다.

교회에서조차 교회 다니는 사람과 예수 믿는 사람, 믿는 자와 믿음으로 사는 자를 구별해야 한다. 그러나 그리스도 중심의 온전한 신앙인, 진리 안에 온전히 서 있는 자를 찾는 것이 너무나도 어렵다. 뉴질랜드에서 7년을 살았지만 그들의 언어와 문화와 환경을 제대로 알지 못했던 반쪽짜리 이방인이었던 나, 그런 나와 똑같은 모습으로 사는 이들을 오늘날 교회 안에서도 너무 많이 보게 된다. 그들은 교회는 다니지만 예수에 대해 전혀 궁금해하지 않으며, 사실 예수가 누구인지도 잘 모른다. 그래도 시간이 지나면 당연한 듯 직분을 받고, 사역을 담당하며, 열심히 일한다. 그러나 여전히 주님은 모른다. 이런 이방인, 반쪽짜리 신앙인들이 많다는 것이 가슴 아프고 안타까운 현실이며, 이것이 바로 우리 교회의 모습이다.

실패한 이민 생활, 실패한 교회 생활

단지 해외에서 살았다는 사실이 나의 언어 능력을 향상시켜 주지 못했듯이, 교회 생활을 오래했다는 것이 우리 신앙생활의 깊이를 심어 주는 것은 결코 아니다. 돌아보면 나는 참 재미없는 이민 생활을 했다. 나는 실패한 이민 생활을 했다고 말할 수밖에 없다. 왜냐하면 그 나라의 언어를 제대로 습득하지 않았고, 그 나라의 문화를 경험하거나 누리는 등 제대로 된 뉴질랜드의 삶을 살지 못했기 때문이다.

그렇게 생각해 보면 교회 안에도 실패한 신앙인들이 참 많다고 말할 수밖에 없다. 일주일에 한 번 교회에 나와 예배드리는 것으로 자신의 신앙생활을 다했다고 생각하는 사람이 얼마나 많은가. 그런 사람에게 어떻게 신앙의 참된 부분을 느끼고 누리며 살아간다고 말할 수 있겠는가. 조금은 지나치다고 생각하는가? 그렇지 않다. 오늘날 그리스도인이라 불리는 사람 중에는 교회만 다닐 뿐, 삶에서는 반쪽짜리 신앙인, 성경이 말하듯 경건의 모양만 있는 실패한 신앙인이 너무 많다.

공짜는 없다

이 세상에 그냥, 우연히 주어지는 것이 있는가? 우리는 예수 그리스도로 말미암은 구원의 은혜를 하나님이 우리에게 거저 주신 선물이라고 말한다. 하지만 그 사랑의 은혜를 부어 주기 위해 십자가를 지신 예수님의 사건을 생각하면 그것이 어떻게 거저 주어진 것이라 말할 수 있겠는가. 당신을 찢어서 우리에게 내어 주신 그 은혜는 결코 값없는 싸구려가 아니다. 유산을 받은 자녀는 그것을 거저 받는 것으로 생각할 수 있지만, 그 유산을 자녀에게 물려주기 위해 부모는 한평생 얼마나 고생하며 살았겠는가.

다시 곰곰이 생각해 보자. 인생에 그냥, 거저, 공짜로 주어지는 것은 없다. 모든 것은 누군가의 수고와 헌신의 대가로 우리가 누리게 되는 것이다. 해외 영어권에서 이민자로 살아도 영어를 저절로 잘할 수 없듯이, 아무리 교회를 오래 다니고 모태 신앙으로 교회 안에서 자랐다고 해도 신앙이 저절로 성장하는 것은 아니다. 그러면 경건의 능력이 있는 신앙을 갖기 위해서는 어떻게 신앙생활을 해야 할까? 성경은 분명하게 말씀하고 있다.

"눈물을 흘리며 씨를 뿌리는 자는 기쁨으로 거두리로다 울며 씨를 뿌리러 나가는 자는 반드시 기쁨으로 그 곡식 단을 가지고 돌아오리로다"(시 126:5-6).

"스스로 속이지 말라 하나님은 업신여김을 받지 아니하시나니 사람이 무엇으로 심든지 그대로 거두리라 자기의 육체를 위하여 심는 자는 육체로부터 썩어질 것을 거두고 성령을 위하여 심는 자는 성령으로부터 영생을 거두리라"(갈 6:7-8).

"이것이 곧 적게 심는 자는 적게 거두고 많이 심는 자는 많이 거둔다 하는 말이로다"(고후 9:6).

교인들이 물어 오는 공통의 질문이 있다.
"내 인생은 왜 변화되지 않을까요?"
"그렇게 오랫동안 교회를 다녔는데 달라진 것이 하나도 없어요."

"나는 왜 좀 더 건강한 신앙인으로 살 수 없을까요?"

그들은 스스로 이런 질문을 하며 답을 얻기 위해 나름대로 고심한다. 나는 이렇게 대답한다.

"아이가 음식을 안 먹는데 잘 자라는 것을 보았습니까?"

"아이가 배우지 않았는데 한글을 깨우치는 것을 보았습니까?"

"아이가 훈련받지 않았는데 무엇이든 잘하는 것을 보았습니까?"

오늘날 교회 안에는 해외에서 살았지만 영어를 못하는 사람처럼, 교회를 다녔지만 전혀 신앙인 같지 않은 사람들이 넘쳐난다. 한 번쯤은 스스로에게 질문을 던져 보아야 한다. 교회에 오래 다녔더니 저절로 신앙이 잘 자랐는지, 교회에 그냥 왔다 갔다 했더니 하나님을 만날 수 있었는지, 교회에서 주일에 한 번 예배드리는 것만으로 삶이 변화될 수 있었는지, 교회에서 열심히 일했더니 나로 인해 구원함을 받은 영혼이 있었는지를 말이다.

2. 사람들은 왜
   변하지 않을까

"그런즉 누구든지 그리스도 안에 있으면 새로운 피조물이라 이전 것은 지나갔으니 보라 새것이 되었도다"(고후 5:17).

✦ 목사의 질문 하나

나는 할머니께서 매를 맞는 박해 속에서도 순교자의 정신으로 신앙을 지켜 온 믿음의 가정에서 태어났다. 3대째 신앙을 이어 왔고, 아버지를 이어 2대째 목회자로 살고 있다. 지금은 두 자녀가 4대째 신앙을 이어 3대째 목회자가 되기 위해 준비하고 있다.

　어린 시절부터 지금까지 교회는 예배드리는 장소일 뿐 아니라 놀이터이고, 학교이며, 집이고, 생각지도 않은 여러 가지 희비가 발생하는 장소다. 한마디로 교회는 고향 같은 곳이다. 내 삶의 모든 사연과 추억이 교회와 함께 어우러져 있다. 아버지가 사역지를 옮기면 그곳으로 따라가 새로운 사람들과 어울려 신앙생활을 하며 자랐고, 적응하다 보면 그곳은 또 하나의 고향처럼 남겨졌다. 신학교를 졸업한 이후로는 지금까지 목회자로 몇 군데의 교회를 거쳐 섬기면서 30년째 목회를 하고 있다.

목사의 중요한 일 중 하나는 사람을 만나는 것이다. 특히 모든 사람, 즉 모든 연령대의 사람들을 한자리에서 만날 수 있다. 목사는 이제 막 태어난 아기부터 100세를 바라보는 어르신들을 한자리에 모아 놓고 예배를 인도하며 말씀을 전한다. 출산 축하, 결혼식, 장례식을 하루에 다 치르면서 인생을 바라보는 남다른 눈을 가질 수 있는 것도 목회자가 가질 수 있는 축복이요, 특권이라 할 수 있다. 오랜 세월 그렇게 살다 보면 사람을 만나는 일이 자연스럽고 익숙해진다. 이제는 만나는 사람의 10년, 20년 후가 대충 그려질 정도로 사람을 만나는 것이 내게는 아주 익숙한 일이 되었다. 그렇게 수많은 사람을 만났고, 만나고 있으며, 또 앞으로도 만나게 될 것이다. 그런데 어려서부터 지금까지 교회와 함께 살고 많은 사람을 만나면서 내 안에 늘 자리한 한 가지 질문이 있었다.

✦ 사람들은 정말 변하는가

"사람들은 정말 변하는가?" 끊임없이 스스로에게 질문해 보았지만 시원한 해답을 찾기가 쉽지 않았다. 목회 현장에서 거듭 수많은 사람을 만나 보았지만 이 질문은 내게서 사그라지지 않았고, 오히려 점점 더 커져만 갔다. 그래서 교회를 옮겨 보았다. 환경을 바꾸고 새로운 사람들을 만나 보았다. 해외에 나가 사람들과 믿음의 교제도 나누고, 끊임없이 다양한 방법으로 교육도 하고 훈련도 시키며 많은 애를 써 보았다. 하지만 "사람들이 정말 변화될 수 있을까?"라는 질문 앞에만 서면 고개를 떨구고 심각해져 있는 내 모습을 보게 된다. 이렇게 글을 쓰게 된 이유도 바로 그것이다. "예수 그리스도를 만나고 구원의 기쁨을 얻은 후에 지속적인 변화의 삶으로 나아가지 못하고 다시 이전으로 돌아가는 이유가 무엇인가?"라는 질문에 대한 답을 찾으려는 나의 몸부림 때문이다.

이 세상에는 매주 1회씩 정기적으로 모여서 평생을 교육하는 기관이 있다. 어디인가? 교회다. 우리는 1년에 52주 동안 빠짐없이 주일마다 교회에 함께 모여 매번 한 책으로 하나님의 말씀을 듣는다. 그중에 수요일 예배에 참석하는 사람이 있다면 한 책의 이야기를 100번이 넘도록 반복해서 듣게 된다. 여기에 금요일 기도회와 속회 및 선교회 모임, 기타 양육 프로그램, 제자 훈련, 더 나아가 봉사 활동에도 참석한다면 사람들이 교회 모임을 위해 내는 시간은 실로 엄청나다. 세상에 이런 공동체가 또 있겠는가. 그런데도 안타까운 것은 진정한 변화를 보기 어렵다는 것이다.

헌신하면 변화될까

사실 교회 공동체만큼 한결같이 헌신하는 모임이 또 어디 있을까 싶다. 헌금하는 것만 해도 그렇다. 언젠가 한번 생각해 본 적이 있다. '내가 지금까지 드린 헌금이 얼마나 될까?' 궁금한 마음에 계산기를 두드리면서 헤아려 보다가 멈추고 말았다. 내 형편으로서는 상상을 초월하는 금액을 헌금했고, 지금도 그렇게 하고 있으며, 앞으로도 계속 그럴 것이다. 비단 나뿐만이 아니라 많은 신앙인이 그렇게 감사함으로 놀라운 헌신을 하고 있다. 정말 대단한 일이다. 열심히 땀을 흘리며 수고해서 얻은 수입의 10분의 1을 아낌없이 떼어서 십일조로 드린다는 것은 실로 놀라운 일이 아닐 수 없다. 어디 그뿐인가? 교회 안에서 여러 가지 모양의 섬김으로 헌신하는 모습 또한 말로 다할 수 없을 정도로 엄청나다. 그런데 궁금하다. 그렇게 헌신하는 이들은 과연 진정한 삶의 변화를 경험하고 있을까?

이 세상에 존재하는 모임 중에 사례 없이 평생을 일하면서도 그것에 대해 억울해하거나 분노하지 않은 채 아무 소리 없이 봉사하는 단체를 보았는가? 그저 주일날 교회에 나와 잠시 예배만 드리는 것이 아니다. 어떤 이들은 예배 전에 일찍 나와 노래를 연습하며 찬양하는 것으로, 어떤 이들은 아이들을 가르치고 돌보는 일로, 어떤 이들은 주방에서 식사를 준비하는 일로, 어떤 이들은 주차장이나 교회 여러 곳에서 안내하는 일로, 어떤 이들은 소그룹 리더로, 또 양육자로, 기타 다양한 섬김으로 자원해서 헌신한다. 이런 헌신은 웬만한 자선 단체에서도 찾아보기 힘든 모습이다. 그런데 이렇게 열심히 교회에서 헌신하는 이들이 과연 일상에서도 다른 삶을 살고 있을까? 이전과는 다른 변화된 삶을 살고 있을까?

체험은 변화를 의미하지 않는다

이런 이들의 모습 속에서 볼 수 있는 또 다른 현상은 '체험'이다. 나는 교회 안에서, 교회 공동체의 다양한 이름으로 모이는 여러 모임 안에서 여러 가지 현상과 경험들을 직간접적으로 보기도 하고 체험하면서 살아왔다. 이런 것을 '체험 신앙'이라 말한다. 그리고 그런 것을 드러내어 표현하는 것을 '간증'이라고 한다. 그동안 신비하고 놀라운 체험의 간증을 참 많이 들었다. 간증 이후에는 곧 놀라운 일이 일어날 것 같은 분위기가 조성되었다. 하지만 시간이 지나고 나면 다시 이전과 같은 상태로 되돌아갔다. 그러한 일들을 보면서 "과연 사람은 변화될 수 있는가?" 하는 질문을 계속 던져 보게 되었다.

체험이 곧 변화를 의미하는 것은 아니다. 체험은 느끼는 것이다. 하나님의 살아 계심을 경험하는 것이다. 체험은 깨닫는 것이고, 믿음에 대해 확신을 가질 수 있게 하는 현상이다. 하지만 변화는 달라진 삶을 말한다. 체험과 확신 이후에 새로운 가치관과 새로운 삶의 태도로 새로운 주인과 함께 이전과는 다른 새로운 삶을 살아가는 것을 의미한다. 그런 의미에서 우리에게 다양한 체험과 현상들은 있지만 변화된 삶의 모습들은 찾아보기 어렵다. 이것이 오늘날 교회 공동체의 현실이다.

내 영혼의 우물을 채우소서

송정미 권사

'날마다'로 10년을 보내며 무엇이 바뀌었을까를 생각하다가 아이들에게 물어보았습니다.

"엄마가 '날마다'를 10년 했는데 뭐가 바뀐 것 같니?"

그러자 큰애가 즉각적으로 대답해 주었습니다.

"엄마가 매우 부드러워지셨어요."

아들의 말을 들으며 깜짝 놀랐습니다. 하나님은 말씀을 통해 사납고 육신적인 소욕으로 가득했던 저를 당신의 부드러운 성품으로 이끌고 계셨던 것입니다. 저는 비로소 성령의 열매는 사납거나 거칠지 않은 부드러운 성품에서 맺어지는 것임을, 하나님의 성품은 부드러움으로부터 닮아 가는 것임을 깨닫게 되었습니다.

저에게 '날마다' 10년은 마치 말라비틀어진 영혼의 빈 우물에 물을 채워 넣는 것과 같은 일이었습니다. 날마다 조금씩 말씀을 끊임없이 채워서 저의 영혼을 적시고 새롭게 하는 과정이었습니다. 연이어 떨어지는 물방울에 바위가 패이듯 말씀이 그렇게 제 안에서 일하고 계셨습니다.

교회를 습관적으로 다니고 일중독으로 열심히 일만 하던 상태가 지금까지 그리고 죽는 날까지 계속되었다면 저는 많이 추한 모습이었을 것입니다. 그러니 '날마다'를 10년간 했다는 것이 결코 제 자랑이 될 수 없는 것은, 하나님이 말씀으로 다가와 베풀어 주신 은혜가 전부이기 때문입니다. 일상 속에서 날마다 말씀하시는 하나님에게 감사드리며 다시 '날마다' 10년, 20년을 향해 나아갑니다. 저의 영혼의 우물을 넘치도록 채우실 그 말씀을 사모합니다.

1. 교회 안에서 당신의 직분은 무엇인가요? 직분을 받을 때 당신의 삶과 신앙의 모습이 어떠했는지를 솔직히 나누어 봅시다.

2. 부흥회나 수련회를 통해 은혜를 경험한 적이 있나요? 있다면 그 경험으로 변화된 삶의 영역이 있었나요? 그것은 지금까지도 유지되고 있나요?

3. 우리 삶에 변화를 주는 요인은 무엇이라고 생각하나요? 긍정적인 변화와 부정적인 변화로 나누어 함께 이야기해 봅시다.

∞ 그룹 미션

성경 속에서 진정으로 변화를 경험한 인물이 누구인지를 찾아서 묵상한 후 함께 나누어 봅시다.

∞ 개인 미션

고린도후서 5장 17절을 암송해 봅시다.

"그런즉 누구든지 그리스도 안에 있으면 새로운 피조물이라 이전 것은 지나갔으니 보라 새것이 되었도다"(고후 5:17).

'날마다'로 이끄시는
하나님의 손길

3. 어느 날 다가온 은혜

"이것은 너희에게서 난 것이 아니요 하나님의 선물이라 행위에서 난 것이 아니니 이는 누구든지 자랑하지 못하게 함이라"(엡 2:8-9).

특별한 추억, '은혜'

살다 보면 누구나 전혀 예상하지 못한 일을 경험하게 될 때가 있다. 의도하지 않은 어떤 일로 인해 삶에 변화가 찾아오거나 일생의 방향 전환을 할 만큼 큰 영향을 받게 될 수도 있다. 그러나 어떤 때에는 좌절하거나 절망하기도 한다. 누군가에게는 잊지 못할 감격과 추억으로 남을 수도 있고, 또 다른 누군가에게는 기억하기 싫은 아픔과 상처가 될 수도 있다.

나 역시 예상할 수 없는 일들로 인해 기쁨과 아픔을 모두 경험했던 적이 있다. 그중에 특별히 소중하게 간직하고 있는 추억이 있는데, 그것은 '은혜'이다. 그것이 얼마나 강력했던지, 마치 모래 위에 적힌 글자가 파도에 쓸려 사라지듯이, 그 당시 겪고 있던 아픔을 고스란히 덮어 쓸어내리고도 남을 만큼 놀라운 일이었다.

뉴질랜드 오클랜드교회의 2005년에서 2007년까지 이어지는 3년간의 이야기를 나는 결코 잊지 못한다. 그때 경험한 은혜는 내 삶의 변화, 목회의 변화, 교회와 교인들의 변화를 가져오는 귀한 계기가 되었다. 그렇게 나를 새롭게 하고 성장과 성숙으로 이끌어 준 3년간의 이야기를 하려고 한다. 더불어 그 이후 지금까지 끊임없이 고민하고 기도하고 묵상하면서 깨닫게 된 내용도 함께 나누어 볼 생각이다.

2004년 12월 31일 자정을 지나면서 2005년 1월 1일 송구영신 예배를 드렸다. 해마다 늘 맞이하는 송구영신 예배였으나 여느 때와는 사뭇 다른 느낌이 들었다. 마치 다른 무언가가 기다리고 있는 것 같았다. 처음에는 '이게 무슨 느낌일까?' 의아했다. 그렇게 두근거리며 2월이 지나고 3월이 다가올 즈음에야 비로소 우리 교회가 하나님이 부어 주시는 은혜의 한복판에 서 있음을 깨닫게 되었다. 한 해 동안 주일 예배 때마다 예상하지 못한 하나님의 놀라운 은혜를 체험하게 되었다.

송구영신 예배로부터 시작된 하나님의 은혜는 말로 표현할 수 없는 위로와 평안과 안식을 주었다. 목사인 나만 느끼고 체험한 것이 아니라, 예배에 참석한 모든 성도들이 그 은혜를 경험했다. 지금도 내 안에는 그 여운들이 생생하다. 어디든 가서 말씀을 전할 기회가 생기면 그때의 은혜를 나누고 싶을 만큼 평생에 남겨진 기쁨과 감격의 시간이었음을 부인할 수 없다.

🖋 눈물로 시작된 은혜

예배는 1년 내내 울음바다였다. 목사는 설교하며 강단에서 울었고, 교인들은 회중석에서 예배 때마다 함께 울었다. 누가 시켜서 강요한 것도 아닌데, 그저 우리가 그곳에 함께 있다는 사실에 감사했고, 우리를 구원하신 하나님의 사랑에 감격해서 눈물을 참을 수가 없었다. "아 하나님의 은혜로 이 쓸데없는 자 왜 구속하여 주는지 난 알 수 없도다." 단골 찬송가 310장을 부르기 시작하면 모든 성도가 감격해서 울었다. 정말 자격 없는 나를 붙잡아 구원해 주신 은혜와 우리를 여기에 있게 하시는 사랑에 감격해서 찬송하며 고백했다. 목사인 나는 1년 내내 부어 주시는 말씀을 강단에서 전하며, 교인들은 그 말씀을 회중석에서 들으며 함께 감격 속에 머물러 있었다. 심지어 여자 성도들은 예배 때마다 울고 나면 화장이 다 지워져서 더는 화장을 하고 올 수가 없다고, '우리 좀 그만 울자!' 하며 은혜에 대한 감사와 행복이 묻어나는 투정 아닌 투정을 부리기도 했다. 이렇게 하나님은 교회 안에 주체할 수 없는 눈물의 은혜를 한없이 쏟아 부으셨다.

은혜가 흘러넘치는 예배를 경험하게 되면서 모든 일에 자원하는 사람들이 많아졌다. 그러다 보니 교회 안에서 계획되는 어떤 크고 작은 행사도 더 이상 일꾼의 문제로 고민하지 않게 되었다. 섬기려고 자원하는 이들이 넘쳐 나기에 무슨 일이든 할 수 있었다. 은혜가 가져다준 헌신의 모습은 정말 감사 외에는 어떤 것으로도 표현할 방법이 없었다. 모이는 일에도, 봉사하는 일에도, 누군가를 돕는 일에도, 교회를 소개하거나 자랑하는 일에도 누군가의 강요 없이 스스로 헌신하는 일이 자연스러웠다. 이것이 바로 진짜 은혜가 임할 때 나타나는 증거이며 열매가 아니겠는가!

말로 다 표현할 수 없는 은혜! 우리가 의도적으로 만들거나 인위적으로 계획해 낼 수 없는 전적인 하나님의 은혜였다. 온 교회가 은혜로 충만하니 예배를 비롯한 모든 모임의 시간이 점점 길어졌다. 예배 후에도 삼삼오오 모여서 성도의 교제를 이어 갔다. 아무리 애써서 모이라고 강조하고 강요해도 안 될 일들이 은혜가 있으니 스스로 모이기를 힘쓰게 되었고, 모임 시간 또한 늘어나게 되었다.

치료하고 회복하는 은혜

예배 가운데 은혜가 넘치면서 치료되고 회복되는 일들이 나타나기 시작했다. 눈물을 쏟아 내며 회개하는 사건이 벌어지고, 신앙 고백과 함께 세례를 받는 자들이 늘어나게 되었다. 무엇보다 알코올 의존증과 우울증이 치료되고 은밀한 질병이 사라지는 등 하나님의 역사를 이야기하는 것이 나날이 자연스러운 일이 되었다.

물론 이전에도 특별한 경우에 벌어지는 일들, 즉 부흥회, 기도회, 수련회 또는 안수 기도를 통해 이러한 일들이 이루어지는 것을 많이 보곤 했다. 그러나 이런 일들이 주일 예배 가운데서 이루어지는 것이 처음에는 무척 당황스럽기도 하고 신기하기도 했다. 어떻게 보면 주일이라 당연하게 참석한 예배에서 놀라운 역사를 경험하게 될 것이라고는 조금도 기대하지 않았기 때문이다. 우리는 무언가를 애쓴 것이 아니라 그저 일상의 예배에 참석해 그곳에 있었을 뿐이니 말이다. 생각해 보라. 성도들이 주일에 놀라운 기적을 기대하며 예배를 드리러 교회에 가는 경우가 얼마나 되겠는가.

예배는 점점 사모함으로 준비되었고, 사람들은 계속해서 기쁨으로 모이기 시작했다. 그러면서 교회가 사람들로 차고 넘치기 시작했다. 교인이 20명도 채 안 되던 교회가 순식간에 규모를 갖추게 되면서 보조 의자를 놓아야 할 만큼 가득 채워졌다. 청년부와 중·고등부, 주일학교를 비롯해서 교회는 젊은이들로 북적거렸고, 앞 다투어 태어나는 아기들로 인해 임시 수유실과 아기 예배도 따로 마련되어야 했다. 이렇게 오클랜드교회는 성장하는 교회로 소문이 나기 시작했다. 사도행전의 말씀처럼 하나님이 모이는 수를 더해 주신 것이다.

전적인 하나님의 은혜

한 해를 시작하며 은혜를 부어 주신 하나님은 한 해를 마무리해야 할 시점까지도 여전히 당신의 크신 사랑을 부어 주셨다. 신앙생활을 한다는 것이 이렇게 행복한 것인가를 느낄 수 있는 시간이었다. 그때는 그랬다. "이런 시간이 또 올 수 있을까?" 매주 예배를 드리고 난 후 집으로 돌아갈 때마다 운전대를 붙잡고 고백하던 중얼거림은 평생 알기 어려운 것을 경험하게 하심에 대한 감격의 고백이었다. 지금도 "한 번만 더 그런 날을 주신다면…" 하고 되뇌며 기도한다. 그때 아쉬웠던 것들이 있기에 지금은 더 온전히 그 은혜의 날들을 맞이할 수 있을 것 같은 마음에서이다. 그러나 하나님의 은혜는 사람이 만들어 낼 수 있는 것이 아니다. 사람을 변화시키는 것은 우리의 손에 있지 않기 때문이다. 은혜는 우리가 받을 날짜를 정하는 것이 아니라, 그저 기다리는 것이다. 우리는 기대하며 은혜가 임하는 것을 준비할 뿐이다. 은혜는 전적인 하나님의 계획이며 인도하심이다.

2005년을 마감할 때 내 안에서, 내 입에서 새어 나온 고백은, 교회에는 계속 은혜가 있어야 한다는 것이었다. 은혜 없이 움직이는 교회만큼 슬프고 안타까운 것도 없다. 그래서 은혜를 부어 주시는 하나님 앞으로 한 걸음 더 나아갈 수 있기를 소망했다. 그런데 그렇게 한 해가 저물고 다시 새해를 맞이하며 나는 또 다른 예상치 못한 일들을 만나게 되었다. 은혜! 그것은 '시작'이지 '마침'이 아니라는 것을 배우게 한 매우 실감 나는 사건들이 기다리고 있었다.

4.   은혜가 사라진
자리

"더러운 귀신이 사람에게서 나갔을 때에 물 없는 곳으로 다니며 쉬기를 구하되 쉴 곳을 얻지 못하고 이에 이르되 내가 나온 내 집으로 돌아가리라 하고 와 보니 그 집이 비고 청소되고 수리되었거늘 이에 가서 저보다 더 악한 귀신 일곱을 데리고 들어가서 거하니 그 사람의 나중 형편이 전보다 더욱 심하게 되느니라 이 악한 세대가 또한 이렇게 되리라"(마 12:43-45).

🌀   은혜에 취하여

하나님이 부어 주시는 놀라운 은혜를 경험하며 한 해를 살았지만, 한편으로는 너무 지혜롭지 못했다. 마치 광야에서 놀라운 은혜를 경험하던 이스라엘 백성이 요단 강을 건넌 후에 벌어질 일들에 대해서는 전혀 예상하지 못했듯이, 우리도 역시 그랬다. 하나님의 은혜는 우리가 이미 알고 있는 것과 다르게 다가올 수도 있다는 것을 깨닫지 못했다. 하나님의 은혜는 하나님의 때에 하나님의 방법으로 임하는 것이며, 하나님의 뜻에 따라서 다양한 방법으로 임할 수도 있다는 것을 미처 생각하지 못했다.

"또 이스라엘 자손들이 길갈에 진 쳤고 그달 십사 일 저녁에는 여리고 평지에서 유월절을 지켰으며 유월절 이튿날에 그 땅의 소산물을 먹되 그날에 무교병과 볶은 곡식을 먹었더라 또 그 땅의 소산물을 먹은 다음 날에 만나가 그쳤으니 이스라엘 사람들이 다시는 만나를 얻지 못하였고 그해에 가나안 땅의 소출을 먹었더라"(수 5:10-12).

가나안 땅에서의 은혜는 만나와 메추라기가 아니라 그 땅의 소출을 먹는 것이다. 그 소출은 거저 주어지는 것이 아니라 사람의 수고를 필요로 한다. 갓 태어난 아기와 어린아이에게는 계속해서 공급해 주는 어머니의 손길이 필요하지만, 조금 성장한 후에는 어머니가 준비해 준 음식을 스스로 먹어야 한다. 그러나 우리는 그 단순한 사실을 우리의 신앙에 미처 적용하지 못했다. 은혜에 취해 있지 않고 그 은혜를 삶에 적용하기 위해 조금만 더 애쓰고 수고했다면 또 다른 은혜의 한 해를 맞이할 수도 있었을 것이다.

💮 은혜에 대한 착각

은혜는 늘 똑같은 모습으로 다가오지 않는다. 홍해를 건널 때와 요단 강을 건널 때의 모습은 달랐다.

"모세가 바다 위로 손을 내밀매 여호와께서 큰 동풍이 밤새도록 바닷물을 물러가게 하시니 물이 갈라져 바다가 마른 땅이 된지라"(출 14:21).

"너는 언약궤를 멘 제사장들에게 명령하여 이르기를 너희가 요단 물가에 이르거든 요단에 들어서라 하라"(수 3:8).

신앙은 조금 알게 되면 전부를 다 아는 것처럼 스스로를 오해하게 만든다. 우리 역시 마찬가지였다. 마치 광야에서 보던 구름 기둥, 불기둥이 가나안 땅에도 여전히 있으리라고 생각했던 이스라엘 백성과 같았다. 평생 동안 하늘에서 만나와 메추라기를 내려 주시고, 언제든지 울고 떼쓰면 반석에서 물이 나올 거라고, 투덜거리고 짜증부리며 졸라 대면 하나님이 다 알아서 준비해 주시리라고 착각했던 것이다. 그러나 가나안에서 주시는 하나님의 은혜는 달랐다. 가나안 땅의 은혜는 발바닥으로 밟는 곳에서부터 시작되었다. 밟지 않으면 얻을 수 없었고, 그렇게 하지 않으면 책망을 받기도 했다(수 17-18장). 우리는 그것을 놓쳤고, 제대로 깨닫기까지 너무 오랜 시간이 필요했다.

우리는 모두 상상한다. 가나안 땅에 들어가면 모든 것이 다 잘되고 문제가 없을 것이라고 말이다. 그래서 가나안을 천국처럼 생각한다. 그러다 보니 구원을 완성처럼, 결승선처럼 착각하게 된 것이다. 하지만 그렇지 않다. 이스라엘 백성이 요단을 건너 맞이하게 된 것은 견고하고 굳게 닫혀 있는 여리고 성이었다.

📖 은혜가 사라지다

2006년을 맞이한 후에도 하나님의 은혜는 여전히 우리 가운데 충만해 있었다. 하지만 '은혜 이후의 삶'이 준비되지 못한 결과 이곳저곳에서 하나씩 문제가 발생하기 시작했다. '은혜 받은 우리에게 어떻게 이런 일이 벌어질 수 있을까?'라고 생각할 만큼 예상하지 못한 일이었다.

그날도 예배는 은혜 가운데 드려지고 있었다. 설교가 막 시작되었는데, 한 성도가 갑자기 자리에서 일어나더니 손가락질하며 큰소리로 예배나 설교와는 전혀 상관없는 일을 따지기 시작했다. 지금도 그때를 생각하면 아찔하다. 성령님이 강단에 서 있는 나를 꼭 붙잡아 주시고 지혜를 주셨기에 흥분하거나 혈기를 부리지 않고 차분하게 자제시킨 후 예배를 계속 진행해서 잘 마무리할 수 있었다.

그러나 여진은 계속되어 파생된 문제들이 교회 전체로 크게 확산되었다. 여선교회 안에서는 별것 아닌 사소한 일들이 계속해서 문제가 되어 시비를 걸고 이간질하는 일들이 벌어졌다. 이곳저곳에서 말이 말을 만들어 내는 일들로 인해 억울함을 호소하는 사람들도 생겨났다. 여전히 성령의 인도하심에 예민했던 일부 성도들의 순종으로 모든 것이 조용히 정리됐지만, 교인들이 흔들리는 일들은 다른 곳에서도 심심찮게 일어나고 있었다. 속회 모임은 은혜를 나누고 기도하고 함께 섬기던 모임에서 더 성장하지 못하고 끼리끼리 어울리는 친목 공동체가 되어 갔다. 우리 편과 다른 편을 구별하며 보이지 않는 힘겨루기가 시작되었다. 그러던 중 한 성도는 A4용지 열 장이 넘는 분량의 질문서를 만들어 와서 내게 때 아닌 청문회를 시작했다. 조목조목 따지고 물으며 몇 시간을 붙잡고 늘어졌다. 끝까지 잘 견뎌 내긴 했으나 낯설고 큰 충격이었다.

광야 가운데서 하나님이 부어 주시는 은혜를 그토록 경험하며 가나안을 맞이했어도 제대로 성숙하지 못하니 성도 간의 문제뿐 아니라 목사를 공격

하는 일까지 일어나게 되었다. 목사의 목회 방침이 마음에 안 든다는 사람, 목사의 관심이 전보다 줄었다고 불평하는 사람, 자신의 아이가 우리 아이 때문에 속상해해서 시험에 들었다는 사람, 시도 때도 없이 자기 분노를 터뜨리며 쏟아 내는 사람 등, 전혀 예상하지 못한 사건들이 꼬리에 꼬리를 물고 계속해서 교회와 성도의 삶을 흔들어 놓았다. 불평하는 자들의 최고의 무기는 교회를 안 나오겠다는 것이었다. 그것은 목사인 나에게 있어 사명을 제대로 감당하지 못하고 있는 것 같은 자괴감이 들게 했다.

☑️ 안식과 갈등

은혜 이후를 준비하지 못한 목사와 교회는 2006년의 소용돌이를 힘겹게 견디어 내며 한 해를 보냈다. 2년여의 시간 동안 하나님의 놀라운 은혜와 사람의 놀라운 절망을 거칠게 경험하면서 우리에게 이민 생활은 버거워지기 시작했다. 몸과 마음이 쇠약해진 아내는 예배 후에 온 성도들이 보는 앞에서 몇 번씩 쓰러지곤 했다. 지칠 대로 지친 아내와 나는 교회를 내려놓고 한국으로 돌아가기로 했다. 하지만 교회는 그것을 허락하는 대신 우리에게 안식년을 제안했다. 고민 끝에 교회의 제안을 받아들인 우리 부부는 아이들을 뉴질랜드에 남겨 둔 채 귀국해서 4개월 정도 안식의 시간을 갖게 되었다.

2001년 12월부터 시작된 이민 생활과 이민 교회를 섬기며 달려온 목회를 잠시 멈추고 비행기를 탔다. 서울을 향하는 아내와 내게는 멈춤과 쉼의 시간을 가질 것에 대한 기대도 있었지만, 너무도 파란만장했던 시간에 대한 답을 찾지 못한 답답함으로 인해 가슴 한가운데가 막혀 있는 듯한 힘겨움도 있었다.

5.   또 다른
은혜

> "너희는 너희 하나님 여호와를 신뢰하라 그리하면 견고히 서리라 그의 선지
> 자들을 신뢰하라 그리하면 형통하리라 하고 백성과 더불어 의논하고 노래하
> 는 자들을 택하여 거룩한 예복을 입히고 군대 앞에서 행진하며 여호와를 찬송
> 하여 이르기를 여호와께 감사하세 그의 인자하심이 영원하도다 하게 하였더
> 니"(대하 20:20-21).

◍   네 가지 은혜

내 평생에 나름대로 참 잘한 일이라고 여기는 일들 가운데 한 가지를 말해
보라고 한다면 안식년을 경험한 것이다. 4개월간 하나님은 교회의 주인 되
심을 보여 주면서 공동체를 일깨워 주셨다. 담임목사의 빈자리에 하나님이
친히 목자가 되셔서 이전과는 다른 방법으로 은혜를 허락하셨다.

처음 한 달은 아버지께서 오셔서 강단을 지켜 주셨다. 교인들은 아버지
를 통해 일제 강점기와 6.25전쟁을 거쳐 현재까지 이어지는 역사 속에서
일하시는 하나님에 대한 말씀과 간증을 들으며 많은 은혜를 받았다. 둘째
달은 장모님께서 오셨다. 장모님은 성령의 다양한 은사로 기도와 간증을
통해서 새로운 영적인 시각을 열어 주셨고, 교회는 이 은혜 안에서 기도의

능력을 사모하며 세움을 받기 시작했다. 셋째 달은 매형인 하정완 목사가 영화 설교를 준비해서 새롭고 현대적인 접근으로 신선하고 풍성한 은혜의 자리로 이끌어 주었다. 영화 설교는 이민 사회의 교인들에게 재미있고 신나는 은혜의 경험을 맛보게 해 주었다. 그리고 마지막 한 달은 안식년으로 뉴질랜드에 들어와 계시는 선교사님들을 초대했다. 그들이 섬기는 나라의 문화와 각 선교지 이야기를 들으며 새로운 감동과 도전을 받게 되었다.

✺ 교회의 참 주인

4개월은 순식간에 지나갔다. 모처럼 한국의 봄을 느끼며 참으로 여유로운 시간을 가졌다. 교회와 교인들로부터 떠나 설교 준비에 대한 부담감을 내려놓고 청중의 자리에 앉아 보기도 했다. 목사는 목회의 특수성으로 인해 항상 다양한 사람들의 소리를 들어야 하지만, 공동체를 떠나 숲으로 들어가니 고요한 안식을 만날 수 있었다. 멈춤을 통해 쉼과 망가진 육신의 치료를 받고, 돌아보는 시간과 바라보는 시간을 가지면서 안식의 시간들을 보냈다.

4개월간, 교회는 내가 아니라 아버지 하나님이 목회하시는, 그분이 친히 담임목사가 되어 주시는 더 큰 은혜가 있었다. 새 가족도 많아지고, 교회가 전반적으로 차분해지면서 안정감을 가지게 되었다. 한편으로는 담임목사가 오면 등록하겠다며 기다리는 새 가족도 여럿 있었다. 그들 중에 한 가족은 사도행전 16장에 등장하는 간수의 가족처럼, 온 가족이 한날에 신앙 고백을 하고 세례를 받는 놀라운 일도 있었다. 이 모든 것은 '은혜'로밖에 달리 표현할 말이 없다. 하나님의 놀라우신 은혜에 온 성도가 기뻐하며 하나님에게 영광을 돌렸다.

하나님은 안식년을 통해 교회의 참 주인이 하나님 당신이심을 목사와 교회 공동체 앞에 증명해 보이셨다. 그뿐 아니라 나의 영과 육이 모두 당신의 손길 안에서 쉼과 치유를 받게 해 주셨다. 하나님은 안식년을 통해 목회 여정을 돌아보게 하시며, 나의 영과 육을 회복시켜 강건하게 해 주셨다. 다시 목회가 시작되었고, 하나님의 은혜는 여전히 우리 가운데 넘쳐 났다. 서로 다른 장소에서 각각에 맞게 허락해 주시는 은혜를 경험한 목사와 교회가 함께 만나 다시 신앙의 여정을 시작했다.

📎 오래된 질문 하나

그러나 시간이 지나면서 마음이 분주해지기 시작했다. 교회가 은혜를 경험하면 할수록 더불어 그만큼의 문제도 생기는 것 같았고, 은혜와 절망이 계속 반복되는 것 같아서 초조함을 금할 수 없었다. 그러면서 '사람들은 왜 변하지 않을까?' 하는 생각이 계속해서 머릿속에 자리하게 되었다.

목사의 아들로 태어난 나는 어려서부터 교회 안에서 놀라운 은혜를 경험하는 많은 이들을 보며 자랐다. 그러나 은혜는 잠깐이요, 시간이 지나면 다시 제자리로 돌아와 있는 경우가 대부분이었다. 그들은 기도도 열심히 하고, 성경도 많이 알고, 은사도 있어서 열심히 섬기는 자들이었다. 하지만 그들 중에는 가정이나 사회에서 인정받지 못하는 이들이 생각보다 많았다.

왜일까? 왜 그들은 교회에서와는 달리 각자의 삶에서 인정받지 못하는 것일까? 교회 일에 열심을 내는 것에 비해 그들의 삶이나 인격이 새로워지는 것을 보기 힘든 이유는 무엇일까? 왜 그들은 변하지 않는 것일까? 이것은 목회를 하면서도 늘 의문이었다. 더구나 이렇게 놀라운 하나님의 은혜를 경험하고도 여전히 이전의 삶의 방식으로 교회를 바라보고 행동하며 부딪히는 교인들을 보면서 더더욱 심각하게 고민이 되었다.

왜 변하지 않는 것일까? 은혜를 받았다면서 왜 자꾸 본래의 모습으로 되돌아가는 것일까? 예수 믿으면 정말 사람이 새로워지는 것일까? '변화.' 이것은 여전히 내 삶의 고민이요, 목회를 하면서 너무나 해결해 보고 싶은, 그러나 좀처럼 잘 해결되지 않는 숙제였다.

하나님이 주신 해답

다시 목회자의 자리로 돌아간 나는 제일 먼저 청년, 청소년들을 위한 부흥회를 인도했다. 그러나 목사를 기다렸다는 듯이 거의 전 교인이 참석하는 부흥회가 되었다. 안식년 내내 마음에 기쁜 감동을 주었던 요셉의 고백을 중심으로 우리의 인생을 바꾸시는 하나님에 대한 소망을 주제로 말씀을 전했다.

은혜롭게 진행되고 있던 부흥회의 마지막 날, 한 시간을 남겨 놓고 잠시 조용히 말씀을 묵상하던 중 베드로후서의 말씀 앞에서 나는 심장이 멈추는 듯한 느낌을 받았다. '사람들은 왜 변화되지 않는가?' 하는 오랜 고민에 대해 하나님이 그 답을 말씀해 주시고 계셨다.

"소돔과 고모라 성을 멸망하기로 정하여 재가 되게 하사 후세에 경건하지 아니할 자들에게 본을 삼으셨으며 무법한 자들의 음란한 행실로 말미암아 고통당하는 의로운 롯을 건지셨으니 (이는 이 의인이 그들 중에 거하여 날마다 저 불법한 행실을 보고 들음으로 그 의로운 심령이 상함이라)"(벧후 2:6-8).

이 말씀을 수차례 반복해서 읽고 묵상하면서 '왜 많은 사람이 하나님의 큰 은혜를 경험하고도 너무 쉽게 잊어버리고 이전의 삶의 모습대로 살아가게 되는가' 하는 질문에 대해 주시는 주님의 첫 음성을 듣게 되었다. 그것은 우리가 아무리 좋은 것을 발견하고 경험하고 그로 인해 감격하게 되어도 일상의 삶에서 여전히 우리의 보는 것과 듣는 것을 바꾸지 않는 한 우리는 다시 원래의 모습으로 되돌아갈 수밖에 없다는 것이다. '날마다 무엇을 보고 듣는가'의 문제에 해답이 있음을 발견하게 되었다.

돌아보니 2005년 한 해 동안 부어 주신 하나님의 은혜를 모든 공동체가 경험했지만, 각자의 삶의 습관을 바꾸려는 몸부림과 애씀에는 전혀 관심을 기울이지 않았다. 간혹 애씀이 있었다 해도 그리 오래가지 못하고 쉽게 지쳐 다시 이전으로 돌아가는 반복된 모습을 보여 주고 있었다.

우리는 스스로에게 질문해 보아야 한다. '하루 24시간 그리고 일주일 168시간 중에 하나님에게 집중하고 그분에게 눈과 귀를 열어 놓는 시간이 얼마나 되는가?' 우리는 사람들과 만나서 대화를 할 때 들은 적도 없고 알지도 못하는 것을 이야기하지 않는다. 수없이 반복해서 보고 들은 것들을 대화의 소재로 삼는다. 그래서 조금만 살펴보면 그 사람이 어떤 것에 관심이 있는지를 알 수 있다. 아무리 많이 은혜를 받고 깨달음을 얻어도 일상의 자리로 돌아가서 이전과 동일한 습관대로 즐기고 누리며 살아간다면 삶의 변화는 기대하기 어렵다. 그렇게 되면 은혜는 하나님의 살아 계심과 하나님이 우리를 사랑하신다는 것을 느끼게 하는 정도에 그칠 뿐이다.

2005년의 놀라움이 2006년에 너무 쉽게 무너져 버린 것은 어쩌면 우리 공동체가 늘 광야에만 머무를 것처럼 방심하고 있었기 때문은 아니었을까 생각한다. 요단 강을 건너 가나안에 들어간 후로는 다르게 살아야 함을 깨닫고 준비하지 못했던 것이다. 성경에는 광야 생활이 끝난 이후 구름 기둥과 불기둥에 대한 이야기는 더 이상 나오지 않는다. 만나와 메추라기를 주시는 이야기, 반석에서 물이 나오는 이야기도 없다. 가나안은 젖과 꿀이 흐르는 땅이라고 했지만, 하나님을 알지 못하는 이들과 하나님을 기억하지 못하게 하거나, 세상과 타협하게 하려는 무리가 차고 넘치는 곳이었다(신명기는 이 위험을 계속해서 경고했다).

우리는 장례식 때마다 요단 강을 건너간다는 찬송을 부르며 천국을 사모한다. 하지만 가끔은 우리가 구원받으면 천국에 들어갈 티켓을 당연히 얻게 된다는 그리고 그 티켓을 얻은 자는 죽는 날까지 이 땅에서 그저 잘 살면 된다는 막연하고 애매모호한 태도로 신앙생활을 하고 있는 것은 아닌지 생각해 본다.

부흥회의 마지막 날 주신 이 말씀은 듣는 이들 모두를 놀라게 했고, 그 일은 나로 하여금 '날마다'라는 시각으로 성경을 열어젖히게 하는, 새로운 사건이 시작되는 계기가 되었다. 하나님은 이렇게 나의 오랜 질문에 답하기 시작하셨다.

6. 다른 세상을
보지 못한다면

"너희가 그리스도와 함께 다시 살리심을 받았으면 위의 것을 찾으라 거기는
그리스도께서 하나님 우편에 앉아 계시느니라"(골 3:1).

∅ 북향집이 따뜻한 나라

이민 목회를 하면서 얻게 된 축복 중의 하나는 '다른 시각'을 가지게 된 것
이다. 뉴질랜드를 경험하기 전까지 이 세상의 모든 나라는 우리가 사는 곳
과 언어와 문화만 조금 다를 뿐 큰 차이는 없을 것으로 생각했다. 하지만 오
클랜드 공항에 도착하던 때부터 내가 알고 있는 세상과는 다른 세상에 대
해 실감 나게 부딪히기 시작했다. 우리를 안내하는 분이 나를 자동차의 운
전석에 앉으라고 했다. 처음에는 몹시 당황스러웠다. '이 낯선 곳에 이제 막
도착한 사람에게 운전을 하라고 하다니, 이게 말이 되는가?' 하고 생각하며
운전석에 앉았다. 그런데 앉고 보니 핸들이 없었다. 적도 아래 있는 낯선
이 섬나라에는 운전석도 차선도 모두 반대였다. 차가 달리는 동안 내가 아

는 것과는 달리 차가 계속해서 반대 차선으로 달리는 것 같아 어색하고 불안했다. 적응이 잘 안 된다고 하니 그저 웃기만 했다. 이것은 시작에 불과했다.

사람들은 흔히 자신들이 아는 것과 자신들이 사는 세상만이 전부인 것처럼 착각하며 살기 마련이다. 나 역시도 그랬다. 적도 아래에는 다른 세상이 있다는 것을 미처 생각하지 못했다. 누구든 적도 아래에서 생활해 보면 우리가 사는 세상과는 다르게 살아가는 세상이 있다는 사실에 매우 놀라워하며 신기하게 받아들이게 될 것이다. 그곳에는 우리가 익숙하게 생각하며 살아가는 사소한 삶의 방식들을 반대로 생각해야 하는 일들이 무척이나 많기 때문이다.

예를 들면, 우리는 일반적으로 집을 남향으로 짓는다. 그렇게 지어야 집이 따뜻하기 때문이다. 하지만 뉴질랜드에서는 북향으로 짓는다. 태양이 동쪽에서 남쪽으로 떠서 서쪽으로 지는 것이 아니라, 동쪽에서 북쪽으로 떠서 서쪽으로 지기 때문이다. 사실 태양이 움직이는 것은 아니지만 적도 위에 사는 사람은 남쪽으로, 적도 아래에 사는 사람은 북쪽으로 태양이 움직인다고 생각한다. 남쪽 끝에 서 보고 나니 비로소 그것이 이해가 되었다.

🎐 야외에서 예배드리는 성탄절

우리나라는 성탄절에 야외에 나가서 예배드리며 자연을 즐기는 시간을 결코 가질 수 없다. 추운 겨울에 야외로 나가서 예배드리는 사람이 어디 있겠는가. 하지만 뉴질랜드는 성탄절에 바닷가에서 야외 예배를 드린다. 바다에서 세례식도 거행한다. 그곳은 성탄절의 계절이 여름이기 때문이다.

사실 뉴질랜드에 도착해서 가장 먼저 받은 문화 충격은 성탄절이었다.

반소매와 반바지 차림의 산타클로스를 상상해 보았는가? 첫 성탄절에 새벽 송을 돌다가 그것이 얼마나 민망한 일인지를 깨달은 후로는 한 번도 새벽 송을 돌지 않았다. 뉴질랜드의 여름은 해가 몹시 길었기 때문이다. 해가 지고 나서도 여전히 환한 하늘 아래 서서 "고요한 밤 거룩한 밤"을 부른다는 것은 너무나도 어색한 일이었다.

북극성과 남십자성

또 있다. 사람들은 밤에 길을 잃으면 북극성이나 북두칠성을 찾아서 방향을 잡는다. 북극성이 나침반과 같은 역할을 하는 것이다. 하지만 뉴질랜드에서는 북극성을 찾아볼 수 없다. 지구가 둥글다 보니 적도 아래에 위치한 뉴질랜드에서는 보이지 않는다. 그 대신 적도 아래에서는 방향을 잡을 때 북쪽이 아니라 남쪽에 있는 별을 보고 기준을 잡는다. 그 별이 바로 남십자성이다. 뉴질랜드의 나침반은 남십자성인 것이다.

새로운 시각으로 보게 된 말씀

귀국 후에 여러 교회로부터 초청을 받아서 설교하거나 부흥회를 인도하러 갈 기회들이 있었다. 그때마다 나는 이런 질문을 해 보았다.

"남향집이 따뜻할까요, 북향집이 따뜻할까요?"

모든 사람이 한결같이 남향집이 따뜻하다고 말한다. 이후에 이런저런 뉴질랜드 이야기를 들려주면 신기한 듯이 듣는다. 한참 설명을 듣고 나면 모두 고개를 끄덕인다. 그런 후에 다시 한 번 질문을 한다.

"남향집만 따뜻할까요?"

그러면 북향집도 따뜻할 수 있다고 대답한다.

뉴질랜드는 내게 다르게 보는 시각을 배우게 해 주었다. 그것은 성경 말씀을 볼 때도 적용되어 새로운 시각을 갖게 해 주었다.

> "이는 이 의인이 그들 중에 거하여 날마다 저 불법한 행실을 보고 들음으로 그 의로운 심령이 상함이라"(벧후 2:8).

날마다 보고 들음으로 마음이 상했다는 롯의 이야기는 내게 이런 시각으로 말씀을 보는 일에 첫 번째 도전을 준 말씀이다. 나는 이 말씀을 뒤집어 보았다. 무법한 자들의 음란하고 불법한 행실을 날마다 보고 들음으로 롯의 의로운 심령이 상했다면, 온전하고 거룩한 것을 날마다 보고 들을 때 우리의 마음이 새로워지고 회복되지 않겠는가! 이 말씀을 계속 묵상하던 중에 떠오른 말씀이 있다.

> "항상 기뻐하라 쉬지 말고 기도하라 범사에 감사하라 이것이 그리스도 예수 안에서 너희를 향하신 하나님의 뜻이니라"(살전 5:16-18).

그리스도인이라면 누구나 잘 알고 있는 말씀이다. 나 역시 교회에서 뛰어놀던 유년 시절부터 수없이 듣고 습관처럼 외웠던 말씀이다. 아마도 많은 이들이 그럴 것이다. 하지만 우리가 날마다 보고 듣는 것이 나를 상하게

도 할 수 있고 회복시킬 수도 있다고 생각하고 이 말씀을 다시 보니 우리의 삶에서 항상, 쉬지 않고, 범사에 보고 듣는 것이 우리를 만든다고 하시는 이 말씀이 하나님의 음성으로 들려왔다. 그것은 힘이 있고 틀림이 없는 확신에 찬 소리였다.

변화가 없는 이유

그리스도인의 삶에 변화가 없는 이유는 무엇일까? 바로 '무엇을 바라보고 있는가'에 대한 생각을 진지하게 하지 않기 때문이다. 세상에 있는 것들을 더 많이 얻거나 인정받고 성공하기 위해 신앙이 필요한 것은 아니다. 그렇게 생각한다면 우리의 신앙은 자신의 안위와 성공을 위한 하나의 도구에 불과할 것이다. 그것은 마치 알라딘의 요술 램프 속 지니처럼 하나님을 나의 필요를 채워 주는 존재로 만들게 된다. 또한 단지 마음의 수양과 육신의 평안함을 얻기 위해 신앙이 필요하다면 예수님도 굳이 그렇게까지 고통을 당하며 십자가를 지셔야 할 이유가 없었을 것이고, 우리도 그것을 애써 믿어야 할 필요가 없을 것이다.

위의 것을 바라보라

토끼와 거북이의 경주 이야기를 잠시 해야겠다. 경주하는 자는 결승점을 바라보고 달려야 한다. 그러나 토끼는 계속해서 뒤를 돌아보았다. 거북이가 얼마만큼 왔나를 확인하는 토끼에게 경주는 매우 싱겁게 보였을 것이다. 전혀 상대가 되지 않는 선수를 만났기 때문이다. 자신만만한 토끼는 거북이의 걸음에 맞추어 자신의 경기 속도를 조정했다. 반면에 거북이는 경기를 시작하면서부터 끊임없이 결승점을 향해 나아갔다. 토끼는 경기 도중에 잠이 들었다가 거북이를 놓쳐 버렸다. 토끼가 자신이 바라보아야 할 것이 결승점이었음을 깨닫게 되었을 때는 이미 경기가 끝나고 난 후였다. 마침내 거북이는 경주에서 승리하게 되었다.

이 이야기는 세상이 추구하고 바라보는 것과 그리 다르지 않은 삶을 살아가는 현대의 그리스도인들에게 매우 큰 교훈을 준다. 세상 속에서 그리스도인으로서 싸워야 할 선한 싸움을 어떻게 하면 승리로 이끌 수 있을 것인가. 이에 대해 바울은, 그리스도와 함께 다시 살리심을 받은 자는 위의 것을 바라보아야 한다고 말한다(골 3:1-2). 그리스도가 하나님 우편에 앉아 계시기에 위의 것을 생각하고 땅의 것을 생각하지 말라고 강조한다. 우리는 세상 사람들의 방법으로 경주하는 사람들이 아니다. 우리는 이전과는 다른 방법으로 경주에 참석한 자들이다.

> "그런즉 누구든지 그리스도 안에 있으면 새로운 피조물이라 이전 것은 지나갔으니 보라 새것이 되었도다"(고후 5:17).

말씀을 좀 더 자세히 살펴보자. 우리는 예수 그리스도 안에서 새로운 존재로 다시 태어났다. 이제는 다른 세상을 바라보는 존재가 되었다. 그러나 새로운 존재로 부르심을 받은 후에도 여전히 세상의 방법과 속도에 붙잡혀서 살아간다. 유행과 여론에 민감하고, 새로운 정보에 지나칠 정도로 반응하며 좀 더 좋은 것을 붙좇느라 이리저리 분주하다. 하나님의 자녀인 우리는 비록 세상 한가운데 살고 있어도 세상에 속한 자는 아니다. 그리스도인인 우리는 세상에 민감한 사람이 아니라, '믿음의 주요 온전하게 하시는 이인 예수'(히 12:2)님에게 민감하고, 예수님에게 집중하며, 예수님의 뜻을 따르는 일에 온 마음을 쏟아야 할 하나님의 사람들이다.

🌀 은혜만으로 부족한 것

우리는 날마다 무엇을 보고 무엇을 듣는가? 많은 그리스도인이 거듭남을 확신하고 믿음 안에서 새로워졌지만, 여전히 자신이 보고 듣는 것이 이전과 다르지 않다는 것을 인식하지 못한다. 이것은 오클랜드교회에서 성도들이 놀라운 은혜를 체험했지만 너무 쉽게 무너지면서 절망하고, 또다시 새로운 은혜를 경험했지만 여전히 달라지지 않는 삶이 계속해서 반복되었던 이유이기도 하다.

언제부터인가 교회는 영원한 것을 찾지 않는 듯하다. 교인들도 주님이 다시 오시겠다고 한 약속을 잊어버린 사람들처럼 살아간다. 지금 살아가는 삶이 전부이고 마치 이곳이 마지막인 것처럼 정신없이 살아간다. 주님 앞에 서는 날이 있음을 생각하지 않고 오히려 세상의 것을 보고 듣는 일에 날마다 열정을 쏟고 있다. 구원 얻은 자는 모든 것을 다 용서받고 천국에 갈 것이라는 막연한 믿음을 소유한 채 세상을 향한 목마름과 갈급함의 눈초리를 가지고 부러워하고 아쉬워하며 계속해서 세상을 바라보고 있다.

오클랜드교회의 부흥회 때 전해진 말씀은 모두에게 신선한 충격이 되었다고 한다. 10년이 지난 후에도 가끔 함께했던 사람들을 만나 이야기를 나누다 보면 그날의 말씀을 기억한다고 말하는 것을 듣게 된다. 나는 그 이후부터 지속적으로 변화를 향한 말씀을 전했다. 그들도 열심히 말씀을 들었다. 그러면서 늘 은혜를 받았고, 깨닫게 되어 감사하다고 했다. 그러나 삶의 태도는 쉽게 바뀌지 않았다. 그렇게 말씀을 반복해서 들어도 삶에 어떤 반응이나 변화가 없다면 그 이유는 무엇일까? 나름대로의 답을 가지고 길을 알려 주느라 애를 썼지만, 뉴질랜드 목회는 여기까지였다.

나는 이후 이민 목회를 내려놓고 귀국할 때까지 내 안에 적어 놓은 답을 맘 편히 꺼내어 펼치지 못한 것 같은, 그래서 그들을 이해시키지 못한 것 같은 답답함이 있었다. 날마다 보고 듣는 것을 그대로 둔 채 은혜만 받으면 모든 것이 해결되고 변화될 거라고 믿어서는 결코 안 된다.

7. '날마다'를 시작하다

"데살로니가에 있는 사람들보다 더 너그러워서 간절한 마음으로 말씀을 받고 이것이 그러한가 하여 날마다 성경을 상고하므로"(행 17:11).

교회를 개척하다

귀국 후 기회가 있을 때마다 뉴질랜드에서 경험한 일들과 날마다 보고 들음의 중요성에 대해서 많은 사람에게 이야기했다. 듣는 사람들은 언제나 고개를 끄떡이며 반응했다. 하지만 늘 그뿐이었고, 그 이상의 일들은 벌어지지 않았다. 내 안에서는 여전히 '어떻게 하면 변화에 도전하게 할 수 있을까?'라는 질문이 내 마음을 사로잡았고, 나의 일상은 계속해서 '변화'에 도전하기 위해 애를 썼다. 그러던 중 우여곡절 끝에 교회를 개척하게 되었다. '회복의 교회'였다. 그것은 순전히 하나님의 인도하심이 아니면 불가능한 일이었다.

예배 처소도 제대로 갖추지 못한 채 첫 예배를 드리던 날로부터 한 사람,

두 사람씩 교회를 찾아오는 발걸음들이 있었다. 그들 대부분은 오랫동안 교회 생활을 하면서 누구보다도 열심히 봉사하고 헌신하던 일꾼들이었다. 그러나 상처받고 지치고 실패한 신앙인들이었다. 그들은 은혜에 목말라 있고 하나님 만나기를 갈망하지만 스스로 해결할 수 없는 무기력으로 인해 답답함을 호소하고 있었다. 그리스도인으로서 진정으로 삶의 변화가 필요한 자들이었다. 하나님이 당신의 때에 맞추어 보내 주신 자들이었다. 나는 하나님이 주신 은혜와 변화를 위한 깨달음을 열심히 나누며 날마다 하나님의 말씀을 보고 듣는 것을 도전했다. 교회는 소박하지만 즐거웠고, 성도들은 은혜 충만한 가운데 영혼이 점차 회복되며 감사가 넘치는 한 해를 보냈다. 그러나 그들의 삶에 눈에 띄게 획기적이거나 역동적인 큰 변화는 없었다.

〃 내가 보여 주어야 한다

날마다 보고 들음으로 사람이 바뀔 수 있다는 생각 속에서 헤어나지 못하고 있을 때, 변화의 답을 가까운 곳에서 찾았다. 그것은 바로 나 자신이었다. 내가 먼저 날마다 보고 듣는 것을 구체적으로 적용해야 할 필요가 있었다. 나는 하지 않으면서 남에게 하라고 하면 그 말은 설득력이 없을 뿐 아니라 감동을 주거나 도전하게 만들 수 없다. 교회나 교인들이 아니라 변화를 위한 도전이 가장 필요한 것은 나였고, 나에게서부터 모든 것이 시작되어야 함을 깨달으면서 꼬였던 실타래가 하나씩 풀리기 시작했다.

"내가 그리스도를 본받는 자가 된 것같이 너희는 나를 본받는 자가 되라"(고전 11:1).

바울이 고린도 교인들에게 한 말이다. 나는 하지 않으면서 남에게 하라고 말하는 것처럼 힘없는 말이 어디 있겠는가. 누군가에게 설명하고 가르치는 것과 내가 그렇게 살아야 하는 것은 다른 문제다. 말하는 것과 실천하는 것에는 많은 차이가 있으며, 삶으로 직접 보여 주는 것보다 더 확실한 가르침은 없다. 사실 그동안 날마다 보고 듣는 것을 삶으로 실천해 나가다 여러 가지 그럴듯한 이유로 멈추고 포기하기를 반복하는 사람이 바로 나였다. 포기하고 싶은 순간들을 이기고 견뎌 내지 못하는 내가 누군가에게 계속해서 그렇게 하라고 하면 그것이 무슨 설득력이 있겠는가!

🌀 '날마다'의 시작

그래서 2011년 7월 2일부터 '날마다' 훈련을 공식적으로 시작했다. 교회와 온 성도들 앞에 그 1일을 선포했다. 내가 실천하고 이루어야 설명할 수 있으며, 그래야 다른 사람을 설득하고 이해시킬 수 있을 것이라는 다짐으로 시작했다. 이렇게 삶으로 보여 주며 함께 도전하자고 하니 성도들도 반응을 보이기 시작했다. 그렇게 온 성도가 함께 날마다 말씀을 보고, 듣고, 묵상하기를 시작했다.

그날 이후 '날마다'는 우리 교회에서 고유 명사가 되었다. 온 성도들이 정해진 분량의 성경 말씀을 날마다 한 장씩 천천히 정독하며 묵상하기 시작했고, 나는 그 말씀들을 정리해서 주일 예배 시간에 중요한 내용을 중심으로 설교를 했다. 예배가 끝나면 성도들은 다시 그룹별로 모여서 들은 말씀과 읽고 묵상한 말씀들을 나누었으며, 한 주간 동안의 감사와 기도 제목을 나누며 함께 기도하는 시간도 가졌다. 성도들은 시간 가는 줄 모르고 나눔의 기쁨을 누렸다.

회복의 교회가 개척되어 2년 6개월쯤 되었을 때 교회를 통합하게 되었다. 지금의 새샘교회와 회복의 교회가 한 공동체가 되었다. 통합할 때 회복의 교회 성도들은 내게 한 가지 조건을 제시했다. 교회가 통합되어도 '날마다'를 계속하기를 원한다는 것이었다. 당연한 일이었다. 나는 교회가 통합되고 난 후 즉각적으로 '날마다'를 소개하며 함께 도전했다. 그러면서 성도들은 성경 66권과 함께하는 긴 여정을 시작했다.

성도들과 함께 천천히, 조금씩, 반복해서 날마다 말씀을 보고 묵상하기를 실천하다 보니 어느새 11년째가 되었다. 나 역시 날마다 실천하고 있는 내용을 기록하며 시작한 묵상 노트가 자연스럽게 일기가 되어 지금까지 빠짐없이 '날마다 묵상 일기'를 기록하고 있다. 이것은 일상 중에 가장 중요한 일이며 즐거운 습관이 되었다.

포기하는 이유는 우선순위의 문제다

날마다 말씀을 보고 듣는 훈련을 지속하다 보니 늘 다른 것을 먼저 처리하느라 '날마다'가 자꾸 뒤로 밀리는 경우를 종종 보게 되었다. 급하고 분주한 삶이 문제라고 생각했다. 하지만 선택의 문제에서 아무리 중요한 일이라

해도 우선순위에서 밀리게 되면 그것은 계속 진행되기가 쉽지 않다. 다른 커다란 문제가 있을 때마다 뒷전으로 미루어지기 때문이다.

나는 '날마다'를 새롭게 시작하면서 약속된 분량의 말씀에 대한 훈련을 다 마치지 못하면 잠을 자지 않기로 결단했다. 그러자 졸거나 깜박 잠들었다가 다시 깨어서 하는 경우는 있어도 결코 내일로 미루는 일은 없었다. 예전에는 조금 힘들거나 컨디션이 안 좋을 때면 언제나 내일로 미루며 여유를 가지려 했었다. 그러나 이것 역시 핑계에 불과했다. 오늘의 분량은 오늘 다 이루겠다는 결심을 우선순위에 두고 실행하다 보니 '날마다'에 대한 의지가 시간이 지날수록 내 안에서 점점 더 크게 자리를 잡게 되었다.

🔵 '날마다'의 힘은 견디고 기다리고 인내하는 것이다

성장에 대한 오해는 '날마다'를 멈추게 만드는 아주 치명적인 문제가 된다. 열심히 쫓아가다가 어느 시점에 이르면 의문이 생긴다. '이 정도 했으면 뭔가 변화의 현상이 나타나야 하는 것 아닌가? 열매가 있어야 할 텐데…' 하는 것이다. 결과를 보고 싶어 하는 조급함은 꾸준히 해 오던 것들에 대해 실망감을 느끼게 한다. 변화는 익숙함과 관계가 있는데, 이것은 하루 이틀의 문제가 아니라 반복의 연속에서 이루어진다. 하지만 익숙해지기 위한 시간 싸움을 참아 내며 견디기란 결단코 쉽지 않다.

무엇이든지 자연스러워지려면 시간이 필요하다. 일반적인 삶에서도 조급함 때문에 하다가 멈추어 버리는 일이 얼마나 많은가. 더구나 신앙인의 성장과 성숙의 문제는 단번에 이룰 수 있는 것이 아니다. 나는 '날마다'와 함께 지난 10년을 달려왔지만 말씀 앞에 설 때마다 나 자신에 대해서는 점점 더 부끄러운 모습을 발견하게 된다. 그리고 말씀을 묵상하면 할수록 하나님에 대해서는 점점 더 목마르고 간절해진다. 이것이 '날마다'에 대한 나의 고백이다.

🟦 조급하면 넘어진다

우리는 종종 계획한 일을 성공했거나 무언가를 성취해 이루어 낸 자들을 하나님을 기쁘시게 하는 자의 기준으로 여기며 살아간다. 그래서 무언가를 이루지 못했거나 이루어 낸 성취의 규모가 작으면 실패한 사람, 결과가 없는 사람이라고 단정 지어 버리는 경우가 있다. 그러나 날마다 주님의 말씀을 보고 들으며 살아가다 보면 삶에서 무엇이 중요하고 무엇이 우선되어야 하는지 그리고 진정으로 주님이 기뻐하시는 것이 무엇인지가 분명해지게 된다. 다만 우리가 조급해서 너무 성급히 세상의 기준을 우리의 삶에 적용하기 때문에 늘 가다가 부딪히고, 멈추고, 머뭇거리게 되는 것이다.

그동안 여러 고비를 넘기면서 날마다 말씀을 보고 듣고 묵상하고 기록하는 가운데 하나님은 많은 것을 깨우쳐 주셨다. 단순히 지식으로 깨닫는 것 이상으로 하나님의 말씀은 무한한 지혜의 보고였다. 그 안에는 하나님의 자녀들과 세상을 사는 모든 자를 향한 삶의 원리들이 제시되어 있었다. '날마다'를 지속하기 위해 그 원리를 깨닫는 것은 매우 중요한 일이다. 이제 하나님이 이 세상을 사랑하심으로 우리에게 알려 주신 그 원리들을 나누고자 한다.

교회에서 일상으로 오신 하나님

이수평 권사

저에게 '날마다'는 교회에 계신 하나님이 일상으로 오신 사건입니다. 예전에는 교회에 관련된 일들이 더욱 영적이고 가치 있다고 생각했습니다. 그래서 보이는 교회 사역에 열심을 내며 거기에 의미를 두고 살았습니다. 하지만 사역을 하면 할수록 채워지지 않는 곤고함이 저를 힘들게 했고, 그 결과 기쁨이 없는 기계적인 사역을 지속해 나가야 했습니다.

언젠가 "왜 '날마다'를 하는 사람이 변하지 않는가?"라는 목사님의 설교를 들었습니다. 요시야 왕의 개혁을 설명하면서 옛 사고방식 안에 말씀을 넣으니 그것이 뒤죽박죽되어 더 앞으로 나아가지 못한다는 요지의 말씀이었습니다. 그 말씀에 도전을 받아 내 안의 낡은 사고방식을 버리기로 결심하고 집 안에 정리되지 않은 채 쌓여 있는 오래된 물건들부터 버리기 시작했습니다. 보이는 것도 버리지 못하면서 보이지 않는 생각을 버린다는 게 말도 안 된다고 생각하며 내 안에 버려야 할 낡은 고정관념이 무엇인지 알려 달라고 기도하기 시작했습니다. '날마다'의 말씀을 통해 끊임없이 인정받기 원하고 자기 사랑으로 똘똘 뭉친 숨겨진 제 모습을 직면하는 것은 그리 유쾌한 일은 아니었지만, 그런 자신을 솔직하게 인정할 수 있는 용기와 자유함이 생겼습니다.

'날마다'를 하면 내가 커지는 줄 알았는데 크신 주님을 만나게 되었고, '날마다'를 하면 내 안에 능력이 생기는 줄 알았는데 능력이신 주님을 만나게 되었고, '날마다'를 하면 큰 믿음이 생길 줄 알았는데 오히려 연약한 나를 일깨워 주셔서 '날마다'를 통해 늘 나를 만나라고 하시는 주님의 음성을 오늘도 여전히 듣게 됩니다.

1. 은혜란 무엇인가요? 은혜를 자신의 언어로 설명해 봅시다.

2. 받은 은혜를 계속해서 유지하기 위해서는 어떤 노력이 필요한가요? 각자에게 필요한 노력들을 함께 나누어 봅시다.

3. 말씀을 다른 시각으로 본다는 것은 구체적으로 무엇을 의미하나요?

∞ 그룹 미션

시편 23편 1절을 다른 시각으로 묵상한 후 함께 나누어 봅시다.

"여호와는 나의 목자시니 내게 부족함이 없으리로다"(시 23:1).

∞ 개인 미션

'은혜'에 관한 찬송을 부르며 하나님의 크신 은혜에 감사하는 시간을 가져 봅시다.

3부

'날마다'로 배우는
일반 원리

8.   모든 사람에게 주신
삶의 원리

"창세로부터 그의 보이지 아니하는 것들 곧 그의 영원하신 능력과 신성이 그
가 만드신 만물에 분명히 보여 알려졌나니 그러므로 그들이 핑계하지 못할지
니라"(롬 1:20).

모든 사람에게 주신 삶의 원리

신앙 서적이 아닌 일반 서적들을 읽다 보면 종종 깜짝깜짝 놀라는 경우가
있다. 비단 책뿐만이 아니라 영화나 드라마 그리고 TV에 나오는 사람들의
인터뷰나 다큐멘터리에서도 느낄 수 있다. 그들은 우리와 같은 믿음을 가
지고 있는 것은 아니지만 굉장히 성경적인 방법으로 삶의 난관을 극복하고
승리하며 살아가고 있음을 발견하게 된다.

　성경을 자세히 살펴보다가 재미있는 사실을 알게 되었다. 창세기 1-11장
까지는 원역사에 해당된다. 이 부분의 내용은 인류의 시작이 어떻게 이루
어지고 진행되었는지를 알려 준다. 그 속에는 믿음이 있고 없고의 문제가
아니라, 살아가는 모든 인류를 향한 하나님의 계획과 인간들의 반복되는

실패가 담겨 있다. 다시 말하면, 하나님은 세상 모든 사람을 향한 일반적인 삶의 원리들을 가르쳐 주고 계신 것이다.

우리의 소망은 하나님과 함께하는 영원한 것에 대한 것이다. 그러나 하나님은 우리에게 당신이 창조하신 세상을 맡기면서 이 땅에 사는 동안 우리가 복되게 잘 살아갈 수 있도록 삶의 원리들을 주셨다. 성경은 영원한 것을 바라보며 하나님과 동행하는 삶을 이야기하는 영적인 책인 동시에 우리가 이 세상 한복판에서 어떻게 살아가야 하는지를 알려 주는 삶의 지혜와 그 원리가 담긴 사용 설명서라 할 수 있다. 그러므로 성경에 담겨 있는 원리들을 삶에 적용했을 때, 그의 삶에 믿음이 있느냐, 없느냐와 관계없이 그 원리를 따르면 아름다운 열매를 맺게 되는 것이다. 그렇기에 신앙인이 아님에도 잘되고 성공하는 사람들의 예는 셀 수 없이 많다. 다른 것이 있다면, 그러한 삶의 원리는 영원한 것에 대한 적용이 아니라 이 땅에서의 삶의 원리에 제한된다는 것이다. 그것이 매우 아쉽고 안타깝다.

누가복음 12장의 부유한 농부는 삶의 원리를 가지고 열심히 살아서 성공한 대표적인 예라고 볼 수 있다. 어디에서 그가 잘못 살았다는 흔적을 찾을 수 있는가. 그는 잘 살았고, 부자가 되었고, 우리가 말하는 미래를 위해 준비하는 사람이었다. 다만 그는 영원한 것, 즉 하나님을 만날 것을 예상하지 못했다. 그 부자에게 잘 산다는 의미는 단순히 이 땅에서 잘 먹고 잘사는 것으로 끝이었다. 그는 삶의 영원한 것을 생각하고 준비하는 일에 대해 전혀 알지 못했다.

"하나님은 이르시되 어리석은 자여 오늘 밤에 네 영혼을 도로 찾으리니 그러면 네 준비한 것이 누구의 것이 되겠느냐 하셨으니 자기를 위하여 재물을 쌓아 두고 하나님께 대하여 부요하지 못한 자가 이와 같으니라"(눅 12:20-21).

하나님이 주신 삶의 원리는 이 땅에서의 삶과 영원한 나라에서의 삶, 이두 경우에 다 적용되는 것이지 한 군데에만 해당하는 것은 아니다. 하나님은 우리에게 인생을 허락하실 때, 이제는 네가 알아서 네 맘대로 잘 살아 보라고 말씀하지 않으셨다. 즉 의미 없이 그냥 세상 한가운데 내던져 놓으신 것이 아니라, 우리에게 세상을 맡기면서 분명한 삶의 목적과 어떻게 살아야 하는지에 대한 원리와 방법을 알려 주셨다.

'날마다'와 하나님이 주신 원리

하나님에게 가까이 나아가려는 몸부림과 변화를 향한 삶의 도전을 통해 말씀을 보고 듣는 훈련이 제대로 이루어지려면 먼저 인생을 향한 하나님의 생각을 바르게 알아야 한다. 그리고 하나님이 말씀하시는 원리들을 잘 이해해야 한다.

하나님이 주신 원리에는 '일반적인 원리'와 '영적인 원리'가 있다. '날마다'의 씨름을 하는 동안 나보다 성령님이 더 기뻐하며 이러한 원리들을 알려주고 싶어 하셨다. '날마다'는 말씀과 더불어 살면서 이 원리들을 실천해 삶에 적용하기 위한 한 방법이다. '날마다'는 하나님과의 지속적인 만남과 교제, 개인의 성장과 성숙 및 변화를 위해 사용하는 하나의 도구로서, 구체적으로 말씀을 보고, 듣고, 묵상하고, 나누고, 실천하는 것이다. 하나님이 '날마다'를 통해 가르쳐 주신 일반적인 원리와 영적인 원리는 이 '날마다'를 가능하게 하고 지속할 수 있도록 하는 원동력이 되기도 한다.

'날마다'와 함께 오랜 시간을 보내면서 우리의 삶이 든든히 세워지는 방법을 깨닫게 되었다. 변화가 이루어지지 않는 이유, 변화하다가 멈추는 이유, 변화의 과정에서 벌어지는 여러 가지 현상들도 알게 되었다. 만남이 있는 삶, 변화하는 삶, 성숙한 삶의 걸음을 향한 날마다 보고 들음은 이러한 원리들과 함께 지금도 여전히 이어지고 있다. 누구든지 날마다 하나님의 말씀 앞에 서기를 힘쓴다면 이러한 삶의 원리를 깨닫게 될 것이다. 그것은 누구에게나 예비해 놓으신 하나님의 선물이기 때문이다.

9. 성장의 원리
- 태어나면 자라나야 한다

"예수는 지혜와 키가 자라 가며 하나님과 사람에게 더욱 사랑스러워 가시더라"(눅 2:52).

'만들다'와 '낳다'

인간이 이 땅에 등장하는 장면들은 모두 동일하지 않다. 창세기 1-2장에는 하나님이 아담과 하와를 만드시는 장면이 나온다. 그러나 창세기 4장에는 가인과 아벨이 태어나는 이야기가 나온다. 사람이 태어나는 것과 아담과 하와가 이 땅에 등장하는 모습에는 확실히 차이가 있다.

하나님은 남자와 여자를 창조하셨다.

"하나님이 자기 형상 곧 하나님의 형상대로 사람을 창조하시되 남자와 여자를 창조하시고"(창 1:27).

하나님은 흙으로 사람을 지으셨다.

"여호와 하나님이 땅의 흙으로 사람을 지으시고 생기를 그 코에 불어넣으시니
사람이 생령이 되니라"(창 2:7).

하나님은 남자의 갈빗대로 여자를 만드셨다.

"여호와 하나님이 아담에게서 취하신 그 갈빗대로 여자를 만드시고 그를 아담
에게로 이끌어 오시니"(창 2:22).

사람이 창조되는 과정에서 표현된 말에는 주의해서 보아야 할 것들이 있
다. 첫째로, 처음 사람이 이 땅에 존재하게 될 때 '창조하다, 짓다, 만들다'라
는 표현은 늘 해 오던 일을 계속한 것이 아니라, 이것이 처음 벌어진 사건임
을 보여 준다. 즉 최초의 인간 이야기이다. 둘째로, 처음 사람의 창조에서는
갓난아이의 태어남과 자라남의 과정에 대한 표현을 전혀 찾아볼 수 없다.
즉 아담과 하와는 하나님의 창조를 통해 온전한 상태로 만들어진 것이다.
그래서 그들에게는 자라도록 보호해 주는 부모가 필요 없었다. 셋째로, 사
람은 어쩌다가 또는 우연히, 그냥 그렇게 존재하게 된 것이 아니다. "우리의
형상을 따라 우리의 모양대로 우리가 사람을 만들고"(창 1:26)라는 표현에서
볼 수 있듯이, 사람은 하나님의 계획 속에서 만들어진 특별한 존재다.

그러면 창조 이후에는 어떤 과정을 통해 사람이 존재하게 되었는가?
창세기 4장에는 아담과 하와가 창조되던 과정과는 전혀 다른 이야기가

등장한다. 이 부분이 하나님이 사람을 위해 준비하신 원리가 시작되는 지점이다.

> "아담이 그의 아내 하와와 동침하매 하와가 임신하여 가인을 낳고 이르되 내가 여호와로 말미암아 득남하였다 하니라 그가 또 가인의 아우 아벨을 낳았는데 아벨은 양 치는 자였고 가인은 농사하는 자였더라"(창 4:1-2).

이어서 아벨을 죽인 가인의 삶을 살펴보자.

> "가인이 여호와 앞을 떠나서 에덴 동쪽 놋 땅에 거주하더니 아내와 동침하매 그가 임신하여 에녹을 낳은지라 가인이 성을 쌓고 그의 아들의 이름으로 성을 이름하여 에녹이라 하니라"(창 4:16-17).

'낳다'라는 표현은 사람이 장성한 존재가 아니라 아기로 태어나는 것을 의미한다. 아기는 아버지와 어머니, 즉 보호자가 필요하다. 아기는 오랜 시간 양육하며 보호하고, 챙겨 주고, 교육하고, 성장시켜야 하는 존재로 이 땅에 보내어진다.

〿 인간이 태어난다는 것은

하나님이 천지를 창조하고 사람을 만드신 이후 다시 흙으로 사람을 지으시는 일은 없었다. 대신 남자와 여자를 통해 새 생명을 낳게 하셨다.

창세기 5장은 아담에서 노아까지의 계보를 소개하며 '낳았고, 낳았다'를 반복하고 있다. 이는 인류가 어떻게 생육하고 번성했는지를 보여 준다. 하나님은 이 세상에 태어나는 모든 사람의 모습 속에서 우리가 어떻게 살아야 하는지에 대한 삶의 원리를 알려 주셨다.

사람은 아기로 태어난다. 즉 장성한 존재가 아닌 아무것도 모르는 불완전한 존재로 태어난다. '태어나다'라는 것은 한 사람의 일생이 이제 막 시작되었음을 의미한다. 그런데 시작하자마자 안주하려고 하면 어떤 일이 벌어지겠는가. 영적인 태어남도 그렇다. '구원받다, 새로운 피조물이 되다, 거듭나다'라는 것은 이제 막 영적인 삶이 새롭게 시작된 것이다. 그런데 거기서 멈추어 선다면 얼마나 안타까운 일인가! '태어남'은 출발이고 시작일 뿐이다.

그러므로 모든 태어난 존재들은 자라야 한다. 저절로 크는 것이 아니기에 영양분을 섭취하고, 배우고, 훈련해야 한다. 아기는 뒤집기를 하고, 기어다니고, 한두 걸음 걷다가 넘어지는 일을 반복하면서 온전히 걷는 법을 익히게 된다. 이처럼 성장의 과정은 태어난 모든 존재가 밟아야 하는 단계다. 영적인 성장도 그렇다. 머뭇거리거나 멈추어 서면 안 된다. 영적인 단계를 따라 차근차근 성장해야 한다. 태어났으면 자라야 하는 것이 모든 삶에 부여된 하나님의 원리다.

사람의 성장은 그가 살아가는 삶의 자리에서 '무엇을 보고 들으며, 어떤 선택을 하는가'에 따라 달라진다. 사람들은 삶이 저절로 이루어지지 않는다는 것을 잘 안다. 그래서 시간과 돈을 들여서 자기 계발을 하고, 자녀들을 양육하고 성장시키는 일에 애를 쓴다. 하지만 영적인 성장에 대해서는 너무나 태평스럽다. 안타까운 일이다. 그러한 사람에게서 영적인 문제는 늘 우선순위에서 밀려난다. 그뿐인가? 어떤 이들은 영적 성장을 교회에 다니다 보면, 시간이 지나면 자연히 해결될 문제라고 생각한다. 그렇게 잘못된 믿음으로 자신의 영혼을 아무렇게나 내버려 둔다. 그러나 영적인 문제야말로 가장 중요한 문제다. 성장은 모든 삶의 기본 원리이기 때문이다.

태어남과 성장

아담 이후 하나님은 사람을 만들고 지으시는 방법으로 사람과 사람을 사용하셨다. 그래서 이후의 모든 사람은 동침함으로 임신해서 아기를 낳았다. 하나님은 우리를 세상에 보내실 때 당신의 뜻과 계획 안에서 성장하며 살아가게 하려고 아기로 태어나게 하셨다. 그러나 사람들은 깨닫지 못하고 되는대로 살아간다. 성장하지 않고, 멈추어 서서 안주하려고만 한다. 그러나 신앙뿐 아니라 삶의 모든 것들이 저절로 이루어지지는 않는다. 하루아침에 즉각적인 반응으로 나타나는 것도 아니다. 성장은 기나긴 과정이며 몸부림이다. 성장은 삶이 끝날 때까지 계속 진행되어야 하는 일생의 과정이다. 이 과정을 멈추게 될 때, 인간은 누구나 도태되고 나이와 관계없이 빨리 늙게 될 것이다.

역사는 말한다. 개인이든, 나라든, 기업이든, 어떤 공동체이든 상관없이 성장이 멈추었을 때 그리고 현재에 안주해서 만족하기 시작했을 때, 그때부터 모든 것이 무너지기 시작했고, 결국에는 세상에서 사라져 버리고 말았다. 하나님이 인간에게 주신 첫 번째 원리는 바로 성장의 원리다. 지금 어떤 상황에 있든지, 우리는 그 자리를 박차고 일어나 걸음을 옮겨야만 한다.

성장해야 한다. 끊임없이 자라나야 한다. 멈추어 서거나 안주해서는 안 된다. 성장을 위해 무엇이든 시작하고 훈련해야 한다. 이것이 살아가는 모든 인간에게 주어진 삶의 일반적인 첫 번째 원리다.

10. 선택의 원리
- 사람은 선택하는 존재다

"만일 여호와를 섬기는 것이 너희에게 좋지 않게 보이거든 너희 조상들이 강 저쪽에서 섬기던 신들이든지 또는 너희가 거주하는 땅에 있는 아모리 족속의 신들이든지 너희가 섬길 자를 오늘 택하라 오직 나와 내 집은 여호와를 섬기겠노라"(수 24:15).

선택의 여정

성경에는 너희의 섬길 자를 택하라는 여호수아의 말처럼 선택을 강조하는 구절이 많이 기록되어 있다. 갈멜 산에서 바알의 선지자 450명과 맞선 엘리야도 이스라엘 백성을 향해 분명한 선택을 요청했다.

"엘리야가 모든 백성에게 가까이 나아가 이르되 너희가 어느 때까지 둘 사이에서 머뭇머뭇 하려느냐 여호와가 만일 하나님이면 그를 따르고 바알이 만일 하나님이면 그를 따를지니라 하니"(왕상 18:21).

요한도 애매모호하게 서 있는 라오디게아교회를 강하게 책망하며 분명히 선택하라고 외쳤다.

> "내가 네 행위를 아노니 네가 차지도 아니하고 뜨겁지도 아니하도다 네가 차
> 든지 뜨겁든지 하기를 원하노라 네가 이같이 미지근하여 뜨겁지도 아니하고
> 차지도 아니하니 내 입에서 너를 토하여 버리리라"(계 3:15-16).

성경에는 선택을 요청하는 선지자들의 음성만 기록되어 있는 것이 아니
다. 이스라엘 백성이 자신들의 선택으로 얻게 된 결과들도 많이 기록되어
있다. 이스라엘 백성을 애굽으로부터 이끌어내신 하나님은 그들을 다시 애
굽으로 돌려보내는 것을 계획하신 적이 없다. 하지만 이스라엘 백성은 끊
임없이 애굽으로 돌아갈 것을 요청했고, 결국은 지휘관을 세워 돌아가려고
그들의 길을 선택한다. 그리고 하나님은 그 선택을 받아들이신다.

> "너희 말이 내 귀에 들린 대로 내가 너희에게 행하리니"(민 14:28).

그뿐인가? 모세가 하나님이 함께하지 않으시니 가나안 땅에 올라가지 말
라고 말리지만, 백성은 스스로 선택한 결과 죽음을 초래하게 된다.

> "그들이 그래도 산꼭대기로 올라갔고 여호와의 언약궤와 모세는 진영을 떠나
> 지 아니하였더라 아말렉인과 산간 지대에 거주하는 가나안인이 내려와 그들
> 을 무찌르고 호르마까지 이르렀더라"(민 14:44-45).

선지자 예레미야도 계속해서 바벨론에 항복하는 것이 하나님의 뜻이니 애굽으로 도망가지 말라고 선포하지만 이스라엘은 결국 애굽을 선택한다. 그리고 그 선택의 결과를 받게 된다.

> "너희가 만일 애굽에 들어가서 거기에 살기로 고집하면 너희가 두려워하는 칼이 애굽 땅으로 따라가서 너희에게 미칠 것이요 너희가 두려워하는 기근이 애굽으로 급히 따라가서 너희에게 임하리니 너희가 거기에서 죽을 것이라 무릇 애굽으로 들어가서 거기에 머물러 살기로 고집하는 모든 사람은 이와 같이 되리니 곧 칼과 기근과 전염병에 죽을 것인즉 내가 그들에게 내리는 재난을 벗어나서 남을 자 없으리라"(렘 42:15-17).

인생은 끊임없는 선택의 여정이다. 단순히 하나님의 명령에 맹종하는 존재가 아닌, 자신의 의지에 따라 선택하고 그 결과를 거두게 된다. 선택은 강요된 결정이 아니라 항상 자신의 결단에서 나온다.

💮 인간은 선택하는 존재로 지어졌다

사람들의 선택에 대한 책임은 하나님이 천지를 창조하시던 때부터 지금까지 계속되었다. 선택은 살아 있는 모든 자에게 허락하신 중요한 삶의 원리다. 천지를 창조하고 인간을 만드신 후에 주신 명령 속에 인간을 향한 하나님의 마음이 담겨 있다.

"여호와 하나님이 그 사람에게 명하여 이르시되 동산 각종 나무의 열매는 네가 임의로 먹되 선악을 알게 하는 나무의 열매는 먹지 말라 네가 먹는 날에는 반드시 죽으리라 하시니라"(창 2:16-17).

하나님은 리모컨을 따라 조종 받고 작동하는 로봇처럼 사람을 만들지 않으셨다. 스스로 선택하고, 스스로 순종하고, 스스로 사랑하도록 만드셨다. 하나님이 우리의 자원함을 기뻐하시는 이유가 여기에 있다. 인간 아담에게도 먹거나 먹지 않을 수 있는 의지를 부여하심으로 선택의 자유를 주셨다.

하나님은 인간을 선택하는 존재로 만드셨다. 그래서 인간에게 있는 자유의지는 매우 중요하다. 성경의 기록을 보라. 그 안에 억지로, 강제적으로 이루어지는 사건은 없다. 하나님은 인간에게 모든 것을 맡기셨다. 그리고 계속해서 선택하게 하셨다. 강압적인 방법이 아니라, 스스로가 결단하고 선택함으로 하나님에게 나아오기를 원하셨다.

그러므로 하나님이 세워 주신 삶은 그 삶이 멈추어 서는 날까지 하나님이 허락하신 원리를 따라 결단하고 선택하며 나아가야 한다. 무엇을 선택하고 어떻게 해야 하는지를 묻기에 앞서 먼저 선택해야 한다는 사실을 진지하게 인식해야 한다. 사람들은 아직도 자신에게 기회가 있다는 것에 기뻐하지만, 그것은 이루어진 것이 아니라 여전히 가능성이 있다는 것, 그 이상의 의미는 아니다. 모든 사람에게는 똑같이 기회와 가능성이 열려 있다. 특별한 자에게만 기회가 주어지는 것은 아니다. 기회를 얻었다고 인생이 변화되거나 새로워지는 것이 아니라, 주어진 기회에 대한 올바른 결단과 선택을 통해 인생이 움직이고 발전해 나가는 것이다.

순종은 선택이지 종속이 아니다

어떤 사람은 순종을 나약한 존재들의 행위로 생각한다. 순종하기 싫은 일을 어쩔 수 없이, 누군가의 강요 때문에 억지로 하는 것이라고 생각하는 듯하다. 그렇지 않다. 하나님이 원하시는 순종은 그렇게 강압적으로 요구하고 얻어 내는 것이 아니다. 순종은 선택이다. 그것을 따르겠다고 스스로 결심하고, 선택하고, 행동하는 것이다. 우리는 순종하라는 주님의 명령을 머뭇거리거나 주저함 없이 선택해야 한다. 누가 그렇게 해야 하는가? 우리 자신이 스스로 판단하고 선택하고 따라야 한다.

이 세상에 마지못해서 사랑하고 따르는 것을 좋아할 사람이 어디 있겠는가. 하나님도 우리가 주님의 음성에 순종해 그분을 선택하고 좋아가는 자발적인 자녀가 되기를 원하신다. 간혹 신앙 상담을 받으러 오는 이들 중에는 선택하거나 순종하지 못하는 삶에 대해 그럴 수밖에 없는 이유를 설명하는 이들이 있다. 그런 사람은 10년, 20년이 지나도 여전히 미지근하고 적당하게, 애매모호하게 살아간다. 그런가 하면 어려움 중에도 선택하고 순종의 길로 들어서는 사람도 있다. 그들은 복잡하게 따져 보고 변명하기보다, 선택한 것을 향해 한 걸음, 또 한 걸음 인도하심을 따라 성실하게 살아간다. 선택에는 반드시 순종이 따라야 한다. 순종이 없는 신앙은 생명력을 가질 수 없다. 선택하지 않는 믿음이란 있을 수 없다. 그래서 선택과 순종은 언제나 함께한다.

순종과 함께 다가온 믿음의 모험

아버지 밑에서 부목사로 섬기던 어느 날, 주님은 새벽 기도 시간에 이제 이 자리를 떠나라는 감동을 주셨다. 한동안 기도할 때마다 주시는 감동을 외면할 수 없어 결국 순종하기로 결정했다. 그리고 내 삶의 여정은 전혀 예상하지 못한 걸음으로 달려가게 되었다.

삶은 언제나 순종할 때, 즉 선택하고 따를 때 만남이 다가오고 변화가 시작된다. 그렇게 시작된 순종의 여정에서 뉴질랜드의 오클랜드교회를 만났고, 하나님이 부어 주시는 은혜와 함께 교회 성장을 경험하게 되었다. 어렵지 않게 영주권도 받았고, 아이들도 잘 적응하며 모든 것이 제대로 돌아가고 있음에 평안함을 느낄 무렵, 다시 주님은 모든 것을 내려놓고 떠날 것에 대해 신호를 보내셨다. 몇 차례 씨름한 후 순종하기로 선택한 나는 그렇게 한국으로 돌아오게 되었다. 그리고 교회를 개척하면서 모든 것을 새롭게 시작했다. 지금 생각해 보면 교회 개척 이후 '한 영혼' 때문에 설레고 '한 영혼' 때문에 긴장하던 내 모습이 진짜 목자의 모습이 아니었을까 생각한다. 그 시간이야말로 주님 앞에 첫 마음을 회복하는 축복의 시간이었다.

오클랜드교회를 내려놓은 것에 대해서 아쉽지 않느냐는 질문을 종종 받는다. 아쉽다. 그러나 그것보다 하나님의 말씀에 순종함이 우리에게 우선이었다. 그리고 그 어느 것보다 주님과 함께하는 믿음의 모험이 우리에게 더 올바른 삶의 걸음이었다. 믿음으로 선택하면 우리의 생각과 다른 길이 보이고, 믿음으로 순종하면 예상하지 못했던 놀라운 모험과 소망의 길이 열린다. 왜 주저하는가? 인생을 향한 하나님의 원리를 모르는 것이 아니라, 선택하고 순종하지 않는 것이 문제다.

🔖 　사람의 책임

삶에 있어 우리의 의도와 관계없이 결정되는 것이 두 가지 있다. 하나는 태어나는 것이고, 또 하나는 죽는 것이다. 그 외의 모든 인생살이는 스스로 선택하고 결정하는 것이다. 자살은 우리의 의도인가? 그렇게 보일 수 있지만 의도한 대로 이루어지는 삶을 살면서 스스로 목숨을 끊는 경우는 없다. 자살 또한 의도대로 되지 않는 인생에 대한 아쉬운 선택이고 결정이다.

의도하지 않은 두 가지를 뺀 우리의 인생을 살펴보자. 우리는 모두 다양한 삶의 환경에 영향을 받으며 살지만, 그래도 그것을 받아들이고 인정하는 것은 나 자신이다. 내가 선택하고 결정하는 것이다. 아침에 일어나서 저녁에 잠들 때까지 그 어느 것도 선택하지 않고 저절로 이루어지는 것은 없다.

인생은 선택의 연속이다. 어떤 이들은 이렇게 주장한다. "하나님이 만드셨다. 하나님이 인간을 에덴동산에 두셨다. 또한 하나님이 먹지 말라고 하셨다. 그러므로 이 모든 책임은 하나님에게 있다." 그러나 그것을 따 먹는 것은 아담과 하와의 결정이었으므로 결과는 그들의 책임이다. 이 모든 것은 그들의 선택이었기 때문이다. 사람은 누구나 선택의 원리에서 도망하거나 벗어날 수 없다. 우리는 편리에 따라 누군가를 핑계하고 탓하며 살아가려 하지만 그럴 수 없다. 어떤 것이든 선택하고 그 결과를 안고 살아가는 것이 인생이다.

11. 기회의 원리
- 산다는 것은 기회다

"네 손이 일을 얻는 대로 힘을 다하여 할지어다 네가 장차 들어갈 스올에는 일
도 없고 계획도 없고 지식도 없고 지혜도 없음이니라"(전 9:10).

기회란 무엇인가

창세기 5장은 하나님을 떠난 인간의 삶을 죽음으로 결론짓고 있다. 얼마나
오래 살았느냐가 아니라 살다가 결국은 죽었다는 것을 반복적으로 언급하
고 있다. 하나님은 사람을 만드신 후 이 땅에서 어떻게 살아야 할 것인지에
대한 삶의 원리와 방법들을 알게 하셨다. 인간은 살면서 무엇인가를 반드
시 해야만 한다는 것이다. 죽으면 아무것도 할 수 없지만, 살아 있는 동안에
는 무엇이든 할 수 있다. 그것이 바로 산 자를 위한 '기회'이다. 그래서 오늘
은 내게 또 다른 기회이며 변화를 위한 삶의 출발점이 된다. 죽음은 그 어느
것도 새롭게 바꿀 기회가 없다.

살아 있음은 당연한 것이 아니다

사람들은 살아 있음을 너무 가볍게 여기는 것 같다. 거의 모든 사람이 아침에 눈을 뜨면서 자신의 살아 있음을 당연하게 여길 것이다. 아침에 눈뜰 때마다 살아 있는 것이 기적이고 이것이야말로 진짜 은혜라고 말하는 사람이 과연 얼마나 되겠는가. 또 누가 자신의 죽는 날을 알아서 미리 준비하며 살아갈 수 있겠는가. 안타깝지만, 사람들은 대개 다시는 눈뜰 수 없는 날이 온다는 것을 생각하지 못한 채 너무나 당연한 듯 삶이 영원할 것처럼 살다가 어느 날 갑자기 죽음을 대면하게 된다. 오늘은 어제와 다르지 않은 하루일 뿐이고, 오늘과 다르지 않은 내일을 다시 맞이할 거라 여기며 하루하루를 적당히 살아간다. 그러나 '오늘'은 어제 죽은 이들이 그토록 바라던 날이기도 하다. '오늘'은 살면서 인생에 단 한 번밖에 만날 수 없는 날이다. 어제보다 오늘이 더 중요한 이유는 우리가 지금 '오늘'을 살고 있기 때문이다.

오늘은 당연한 것이 아니다. 매일 맞이하는 아침은 우리에게 주어지는 새로운 기회의 날이다. 그러나 이러한 '오늘'이 우리에게 영원히 주어지는 것은 아니다. 우리가 당연하게 느끼는 하루의 삶이 어느 순간에는 끝을 만나기 때문이다. 죽음을 피할 수 있는 사람은 없다. 그러나 많은 이들이 죽음을 막연하게 생각한다. 살아 있는 자에게 죽음이란 어쩌면 현실감이 잘 느껴지지 않을 수도 있다. 삶의 끝이 다가온다는 것을 구체적으로 느끼며 사는 사람도 없겠지만, 대부분은 남의 일처럼 죽음을 멀리 바라보며 살아간다. 그뿐인가? 사람들은 죽고 싶지 않은 마음을 다양한 방법으로 표현한다. 소설이나 영화나 드라마를 통해 영원함을 바라는 표현들을 자주 묘사한다. 과거와 현재와 미래를 넘나들며 살아가는 인간의 모습은 영원히 죽지 않고 살 것 같은 인상을 계속해서 남긴다. 그러나 우리는 죽는다. 죽은 자가 우리에게로 돌아오는 것이 아니라, 산 자가 죽은 자에게로 가는 것이 인생이다. 다윗은 밧세바가 낳은 아이가 죽었을 때 인생은 돌아오는 것이 아니라 돌아가는 것임을 정확히 알고 이렇게 말했다.

> "아이가 살았을 때에 내가 금식하고 운 것은 혹시 여호와께서 나를 불쌍히 여기사 아이를 살려 주실는지 누가 알까 생각함이거니와 지금은 죽었으니 내가 어찌 금식하랴 내가 다시 돌아오게 할 수 있느냐 나는 그에게로 가려니와 그는 내게로 돌아오지 아니하리라"(삼하 12:22-23).

'살아 있음'이 가치 있으려면 우리가 죽는다는 것을 인식해야 한다. 그래야 삶에 주어진 시간을 귀하게 여길 수 있다. 인간이 영원한 존재가 아님을 깨닫게 될 때 인생의 가치와 의미를 무엇에 두고 살 것인지에 대한 기준이 확실해진다. 우리는 모두 죽는다. 단 한 사람도 예외는 없다.

살아 있으니 기회가 있다

기회는 하나님이 주신 삶의 원리 중 하나이지만 항상 주어지는 것은 아니다. 삶에는 가끔의 기회가 있을 뿐이다. 사람들은 종종 다시 태어나면 다르게 살아 보겠다고, 다시 한 번 기회가 오면 정말 잘 살 수 있을 것 같다고 말한다. 하지만 죽음은 우리에게 다시 기회가 있다고 말해 주지 않는다. 수없이 많은 장례를 집례했지만 고인이 된 시신이 왜 내게 이런 옷을 입혔느냐고 따져 묻거나 다시 일어나서 유언을 남기는 것을 본 적이 없다. 한 번 죽으면 다시는 바꿀 수 없는 것이 인생이며, 죽음과 동시에 모든 일을 누릴 기회도 사라진다.

부자와 나사로의 이야기를 알 것이다(눅 16:19-31). 둘 다 인생이 끝나는 날을 맞았다. 거지는 죽어 천사들에게 받들려 아브라함의 품에 들어가고, 부자는 죽어 장사되었다. 죽음 이후 부자와 아브라함의 대화가 나온다.

"불러 이르되 아버지 아브라함이여 나를 긍휼히 여기사 나사로를 보내어 그 손가락 끝에 물을 찍어 내 혀를 서늘하게 하소서 내가 이 불꽃 가운데서 괴로워하나이다"(눅 16:24).

"그뿐 아니라 너희와 우리 사이에 큰 구렁텅이가 놓여 있어 여기서 너희에게 건너가고자 하되 갈 수 없고 거기서 우리에게 건너올 수도 없게 하였느니라"(눅 16:26).

아브라함에게 있어서 나사로의 손가락 끝에 물을 찍어 그 부자의 혀를 서늘하게 하는 일이 뭐가 그렇게 어렵겠는가. 하지만 죽음은 그 기회마저도 없다고 말한다. 우리의 일상에서 당연하게 여겨지는 일들을 죽음 이후에는 볼 수도 없고 바꿀 수도 없다. 그래서 장례식장은 언제나 아쉬움과 후회의 눈물과 통곡이 끊이지 않는다.

우리가 역사를 배울 때 늘 사용해 보는 단어가 있다. '만약에'라는 말이다. 하지만 과거의 역사 앞에서 '만약에'라는 말은 아무런 의미가 없다. 역사는 바꿀 수 있는 것이 아니기 때문이다. 마찬가지로 죽음 또한 우리가 바꿀 수 있는 것이 아니다.

결심만으로는 변화를 가져올 수 없다

기회에 대해 말하고자 할 때 주의해야 할 것이 있다. 오늘 주어진 일을 내일로 미루는 것이다. 그것은 매일 결심만 하다가 오늘을 마감하고 또 인생을 마감하게 한다. 우리가 만나는 것은 오늘뿐이다. 내일은 없다.

　오늘을 미루면 기회는 사라진다. 기회 있는 인생은 영원하지 않고, 기회의 원리는 결심만으로는 작동되지 않는다. 기회는 모든 자에게 공평하지만, 그 기회를 얻는 자는 기회를 흘려보내지 않고 그것에 도전하는 자일 것이다. 시간이 우리를 기다려 주지 않듯이 기회도 우리를 기다리지 않는다. 기회는 우리 자신이 지금 누려야 할 은총이다. 인생에 영원한 것이 없듯이 기회도 영원하지 않음을 늘 기억해야 한다.

오늘이 중요하다

오늘은 우리에게 매우 중요한 날이다. 오늘은 변화의 시작이며 미래를 여는 출발이 되는 날이다. 이제 무엇에 대한 기회로 이날을 시작할 것인가? 인간은 끊임없이 성장하려는 욕구가 있다. 성장은 곧 변화를 의미한다. 어떤 변화를 꿈꾸는가? 무엇이든 살아 있을 때, 바로 오늘 그 변화가 가능하다.

나는 삶에서 많은 시간을 '변화'라는 단어를 붙들고 씨름했다. 그리고 '오늘'을 중요하게 여겨야 한다고 늘 말해 왔다. 우리에게 기회가 없는 날이 반드시 온다는 사실을 알게 하려고 애를 썼다. 하나님이 주신 삶의 여러 가지 원리들을 오늘 적용하라고 말이다. 어제 한 것은 두고 오늘 다시 시작해야 한다. 성장도 오늘 시작해야 한다. 선택도, 훈련도 오늘 해야 한다. 많은 이들의 낙심과 절망과 실패와 후회의 모습은 '오늘'을 살지 못하고 미루기만 했던 과거의 결과다.

하나님은 오늘도 우리에게 기회의 날을 허락하시며 도전해 보라고, 할 수 있다고, 용기를 내라고 격려하신다. '오늘'은 곧 '기회'이다. 모든 사람에게 공평하게 주신 기회에 관한 결과는 각 사람의 몫이다.

12. 반복의 원리
- 멈춤은 하나님의 뜻이 아니다

"땅이 있을 동안에는 심음과 거둠과 추위와 더위와 여름과 겨울과 낮과 밤이 쉬지 아니하리라"(창 8:22).

땅이 있을 동안에는

하나님이 주신 원리의 핵심은 하나님을 따르는 것이다. 하나님을 따르려면 먼저 하나님을 선택해야 한다. 그리고 선택한 것을 지속시키기 위해 꾸준히 성장해야 한다. 따라서 선택할 기회와 성장할 기회에 대해 성실해야 한다.

노아의 홍수 이야기에는 하나님의 원리를 잘 이해한 노아와 그의 가족들이 등장한다. 그리고 노아의 반대편에 서 있는 사람들이 등장한다. 노아는 주신 기회를 선택해 배를 만들며 준비했고, 사람들은 세상에서의 삶을 선택해 정신없이 살다가 홍수를 맞이했다. 하나님은 100여 년 동안 기회를 주셨지만 사람들은 그 기회를 받아들이지 않았다. 그들은 하나님을 선택하지 않았음은 물론 기회도 던져 버린 것이다. 그러나 노아는 하나님을 선택했을 뿐 아니라 은혜를 입었고, 성장했으며, 하나님과 동행하는 가운데 자신에게 주어진 기회를 잘 활용해 어두운 시대를 견뎌 낸 의로운 사람이 되었다.

홍수 이후에 물이 걷히고 모든 것이 원래 상태로 돌아가기 시작했을 때, 노아는 방주에서 나와서(창 8:19) 여호와께 제물을 취하여 번제를 드렸다(창 8:20). 여호와께서는 그 향기를 받으시고 다시는 모든 생물을 물로 멸하지 않겠다고 약속하셨다(창 8:21). 그 약속이 창세기 8장 22절에 기록되어 있다. 이 말씀은 무심코 지나쳐 버리기 쉽지만, 그 안에는 모든 인생을 향한 하나님의 중요한 원리가 담겨 있다. 그 원리는 어떻게 살아가는 것이 지혜로운 것인지, 매 순간 다가오는 다양한 삶을 어떻게 대면할 것인지를 알려 준다.

> "땅이 있을 동안에는 심음과 거둠과 추위와 더위와 여름과 겨울과 낮과 밤이 쉬지 아니하리라"(창 8:22).

'땅이 있을 동안에는'이라는 이 구절은 세상의 끝이 있음을 알려 준다. 요한계시록의 말씀에서 그 의미를 살펴보았다.

> "용을 잡으니 곧 옛 뱀이요 마귀요 사탄이라 잡아서 천 년 동안 결박하여 무저갱에 던져 넣어 잠그고 그 위에 인봉하여 천 년이 차도록 다시는 만국을 미혹하지 못하게 하였는데"(계 20:2-3).

마지막 때에 이 땅에는 심판이 있을 거라는 것이다. 즉 다르게 말하면, 이 땅이 끝나는 날이 있다는 것이다.

"또 내가 보니 죽은 자들이 큰 자나 작은 자나 그 보좌 앞에 서 있는데 책들이 펴 있고 또 다른 책이 펴졌으니 곧 생명책이라 죽은 자들이 자기 행위를 따라 책들에 기록된 대로 심판을 받으니"(계 20:12).

"또 내가 새 하늘과 새 땅을 보니 처음 하늘과 처음 땅이 없어졌고 바다도 다시 있지 않더라 또 내가 보매 거룩한 성 새 예루살렘이 하나님께로부터 하늘에서 내려오니 그 준비한 것이 신부가 남편을 위하여 단장한 것 같더라"(계 21:1-2).

마지막 심판이 있다고 하신 말씀이다. 정신없이 살다 보면 이 말씀을 잊어버릴 때가 있다. 인생의 끝에 무엇이 우리를 기다리고 있는지를 기억하고 믿음으로 발걸음을 옮기는 것이 신앙이다. 그렇게 인생의 끝이 있다는 것을 마음에 새기면 새롭게 도전할 수 있는 지혜를 얻게 될 것이다. '땅이 있을 동안', 곧 땅이 사라지는 때가 오기 전, 그 마지막 시간이 차기 전에 우리에게 주어진 삶의 시간을 값지게 사용해야 한다.

심음과 거둠과 추위와 더위와 여름과 겨울과 낮과 밤

삶은 멈춤이 없다. 심으면 거두고, 추위가 가시면 더위가 오고, 여름이 가면 겨울이 오고, 낮이 지나면 밤이 온다. 삶은 이러한 연속적인 과정을 거치며 시대에 맞추어 끊임없이 변화하고 적응한다. 멈추고 안주하는 순간 하나님이 허락하신 삶의 의미는 망각된다. 안주하려는 곳에는 생명이 없다. 삶이 멈추게 되면 그 삶의 이야기도 사라진다. 안주하고 머무르는 삶에 초점을 두기 시작하면 더 이상의 성장은 있을 수 없다. 멈추는 순간 우리의 시선은 과거로 향한다. 과거를 바라보고, 과거를 이야기하고, 과거를 그리워하게 된다. 그러나 성장하는 자의 시선은 앞을 향한다.

쉬지 아니하리라

변화의 과정은 한두 번으로 이루어지지 않는다. 창세기 8장 22절은 이 모든 일이 쉬지 아니할 것이라고 했다. 연속적으로 계속, 반복해서 이루어진다는 것이다. 단번에 어떤 일을 이루었다고 해도 또다시 도전해야 한다. 한 번의 성과를 보고 멈추면 더 이상의 소망은 없게 된다. 자기만족에 취해 머무르는 것은 어리석은 일이다. 반면에 한 번 실패했다고 좌절하거나 포기하거나 끝내려고 해서도 안 된다. 우리가 살아 있는 한 기회는 계속 주어지기 때문이다.

또한 거두었으면 잠시 멈추어 서서 쉼을 가지며 다시 심어야 할 날을 준비해야 한다. 밤이 지나면 낮이 온다는 것을 기억하며 과거를 털어버리고 다시 새날을 맞이할 준비를 해야 한다. 겨울이 가고 나면 다시 여름이 오는 것처럼, 여름의 한복판에서 겨울의 다가옴을 준비하는 삶을 살아야 한다. 잘되어도, 안 되어도 세월은 다시 찾아온다. 쉬지 않고 찾아오는 때에 맞추어 우리도 성실함으로 시기와 기회에 합당하게 준비해야 한다.

심음과 거둠

사람은 좋은 것만 하면서 살 수는 없다. 낮과 여름만 있거나 거두기만 할 수는 없는 법이다. 어두운 밤과 겨울이 오듯이 '심음'의 시기가 누구에게나 오기 마련이다. 그러기에 우리는 그 시간을 견디고 애쓰며 살아야 한다. 어느 한쪽만을 붙잡고 살아가려는 것은 하나님의 창조 섭리에서 벗어나는 어리석은 생각이다.

하나님은 모든 사람에게 공평하신 분이다. 그러므로 좋은 상황을 구하기보다는 어떤 좋은 태도와 자세를 가지고 살아갈 것인가를 고민해야 한다. 좋을 때도 힘들 때도, 심으며 수고하는 땀방울과 결실을 거두는 즐거움 앞에서도 한결같은 자세로 주님을 바라보며 걸어가는 태도가 필요하다.

반복됨을 기억하라

쉬지 않는다는 것은 반복된다는 의미다. 한 해의 농사를 망쳐도 다음 해가 되면 다시 농사를 지을 기회가 생긴다. 뜨거운 불볕더위가 기승을 부려도 영원한 여름은 없다. 100년을 산다면 백 번의 여름과 겨울을 맞이하게 되고, 백 번의 심음과 거둠을 만나게 된다. 그렇게 우리는 1년 365일 변함없이 낮과 밤을 경험한다. 당연하지 않은가. 그런데 이러한 반복의 원리가 우리를 능숙한 전문가로 살도록 도전한다. 성장하기 위해 변화를 꿈꾸며 반복의 원리를 적용해 자신을 훈련한다면 매우 훌륭한 습관과 실력을 갖추게 될 것이다. 훈련! 연습! 반복! 이것이 쉬지 않고 이어지는 자연의 법칙 속에 심어 두신 삶의 비밀이요, 원리다.

"네가 자기의 일에 능숙한 사람을 보았느냐 이러한 사람은 왕 앞에 설 것이요 천한 자 앞에 서지 아니하리라"(잠 22:29).

사소하고 별것 아닌 것처럼 넘겨 버릴 수 있는 말씀 한 구절 속에 숨겨 놓으신 반복의 원리를 통해 하나님은 우리가 능숙한 자가 되기를 원하신다. 능숙한 자가 된다는 것은 자신을 훈련한 자들이 얻게 되는 열매다. 훈련하고 연습하고 반복하다 보면 어느새 익숙해지고 능숙해질 것이다. 그러나 하나님을 향해 능숙한 자들이 나타나는 것은 어둠의 세력에게는 매우 예민하고 신경 쓰이는 일이다. 그래서 악한 세력은 우리를 좌절하게 하고, 포기하게 하고, 하다가 멈추게 하고, 이것도 조금 저것도 조금 하면서 적당히 살다가 죽음을 맞이하게 한다.

그렇기에 우리는 날마다 정신 차리고 깨어 있어야 한다. 지루할 때도 있고 재미없어 보일 때도 있지만 날마다 말씀 앞에 서야 한다. 말씀을 보고 듣는 일이 그렇게 반복될 때 하나님과의 영적 교제가 깊어지게 된다. 말씀으로 자신을 훈련하기를 다음이나 내일로 미루지 말라. 우리가 살아가는 세상은 일반적인 세상이 아니다. 우리는 지금 전쟁터에 살고 있다. 하나님의 사람으로 능숙하게 되는 것을 방해하는 세력들과 영적 전쟁을 하는 중이다. 반복해서 단련하는 자만이 이길 수 있다.

내가 '날마다'를 하는 이유

이경식 장로

사람은 무슨 일을 할 때 멋진 성과부터 기대하는 경우가 많습니다. 이는 마치 야구 선수가 아무런 훈련도 없이 3할 타자가 되려는 것과 같습니다. 하지만 꾸준한 훈련 없이는 좋은 성과를 기대하기가 어렵습니다. 이는 신앙생활도 마찬가지라고 생각합니다. '날마다'를 통해 꾸준히 성경을 읽고, 묵상하고, 그 말씀을 사모하는 마음이 충만할 때 비로소 조금씩 성장할 수 있었음을 깨닫습니다.

'날마다'를 하면서 느끼는 변화는, 하나님이 주신 영의 양식을 통해 저의 혼과 영과 관절과 골수가 새로워지는 일들을 체험하며 산다는 것입니다. 앞으로도 날마다 말씀으로 채워지는 습관을 통해 내면의 변화를 먼저 체험하고, 교회의 변화 또한 지속적으로 경험하게 되기를 소망합니다. 욕심 부리지 않고 작은 것에서부터 인내를 가지고 꾸준히 '날마다'를 생활화한다면 주님이 원하시는 수준에 조금씩이나마 더 가까워지리라 생각합니다.

그리스도인으로서 할 수 있는 작은 일을 날마다 성경 말씀을 펼치는 것으로 시작한다면 더 큰 영적 성숙도 맛보게 되리라 확신합니다. 세상을 이기려고 몸부림치기보다 먼저 제 안에 있는 죄성과 유혹을 이기기 위해 날마다 성경 말씀을 통해 도전받고 훈련하다 보면 하나님도 좋은 선물을 예비해 주시지 않겠습니까? 말씀과 더불어 살아갈수록 제 안에 이러한 소망이 쌓여 가는 것이야말로 제가 '날마다'를 즐거이 하는 이유입니다.

1. 하나님이 모든 사람에게 주신 '일반 원리'(일반적인 원리)는 무엇인가요?

2. 당신의 신앙을 인간의 생애 주기(영아기, 유아기, 아동기, 청소년기, 성년기, 중년기, 노년기)에 빗대어 표현한다면 지금 어느 단계쯤에 위치해 있다고 생각하나요?

3. 당신에게 '오늘'은 어떤 의미가 있나요? '오늘'을 의미 있게 살기 위해 당신이 포기하거나 노력해야 하는 부분이 있다면 무엇인가요?

∞ 그룹 미션

기도의 짝을 이루어 일주일 동안 매일 서로를 위해 기도합시다. 구체적인 시간을 정하고 '오늘' 기도합시다.

∞ 개인 미션

선택의 기회를 허락하신 하나님에게 감사하며 여호수아 24장 15절을 쓰고 소리 내어 읽어 봅시다.

> "만일 여호와를 섬기는 것이 너희에게 좋지 않게 보이거든 너희 조상들이 강 저쪽에서 섬기던 신들이든지 또는 너희가 거주하는 땅에 있는 아모리 족속의 신들이든지 너희가 섬길 자를 오늘 택하라 오직 나와 내 집은 여호와를 섬기겠노라"(수 24:15).

4부

‘날마다’로 배우는
특별 원리

13. 믿는 자에게만 주신 영적 원리

"위의 것을 생각하고 땅의 것을 생각하지 말라"(골 3:2).

🖋 특별한 사용 설명서

우리가 구매하는 제품에는 반드시 사용 설명서가 첨부되어 있다. 사용 설명서에는 제품 사용에 대한 가장 기본적인 지식부터 특수한 기능에 이르기까지 제품에 대한 설명이 상세히 기록되어 있다. 만약에 사용 설명서 없이 우리에게 전달되는 물건이 있다면 그것은 불량품이거나, 진품이 아닌 가짜일 것이다. 세상도 마찬가지다. 사용 설명서에 해당하는 원리나 법칙이 없다면 인류는 굉장한 혼란과 어려움을 겪게 될 것이다. 그래서 세상을 창조하신 하나님은 모든 자에게 허락하신 일반적인 원리와 당신이 택하고 부르셔서 다르게 살아가도록 구별하신 자들을 위한 영적인 원리를 구분해서 세상에 질서를 허락하셨다.

어떤 제품을 만든 자와 판매하는 자 그리고 그 제품을 구매하는 자 중에 누가 제품을 더 잘 사용할 수 있을까? 제품을 만든 사람이 누구보다도 정확하고 분명하게 그 제품을 사용할 수 있을 것이다. 왜냐하면 제품이 만들어지는 모든 과정을 세밀하게 알고 있기 때문이다. 만든 이는 그 제품의 성능과 기능, 강점과 약점을 모두 파악하고 있기에 주의해서 유효적절하게 잘 사용할 수 있는 것이다. 혹시 우리가 어떤 제품을 잘 사용하지 못하고 있다면, 우리가 만든 이가 아니거나 제품의 설명서가 없는 경우다. 사용할 수 없는 제품은 소장하고 있을 의미나 가치가 없다. 그러나 이 세상에 존재하는 그 어느 것도 아무 의미나 가치 없이 존재하지는 않는다. 모든 존재하는 것에는 이유가 있다.

잠깐 뉴질랜드 이야기를 해 보자면, 내가 그곳에 가서 살게 된 이유는 '그냥'이 아니었다. 어쩌다 보니 가게 된 것도 아니었다. 지금 있는 곳에서 떠나라는 하나님의 명령에 순종해서 떠나려 했지만 예정하고 준비했던 미국은 9.11테러 사건으로 입국이 불가했다. 미국뿐만 아니라 인접한 나라들도 대부분 입국이 제한되었다. 이처럼 쉽게 갈 만한 곳이 마땅치 않을 때, 뉴질랜드는 하나님이 우리를 향해 문을 열어 두신 곳이었다. 처음에는 영문도 모르고 순종하며 따라갔지만, 분명한 하나님의 인도하심이 있었다.

그럼 뉴질랜드에서 왜 다시 한국으로 들어오게 되었을까? 이 역시도 그냥 온 것은 아니었다. 분명한 음성과 응답 그리고 표징이 있었다. 모든 것이 그분의 인도하심 가운데서 이루어졌다. 매우 명쾌하게 말씀하셨고, 마치 기드온에게 보여 주셨던 것처럼 구체적인 표징으로 응답하셨다. 당시 오클랜드교회는 개척 교회 규모로 시작해서 시간이 갈수록 점점 더 건강하게 성장하는 공동체였으며, 여전히 성장하고 있었다. 그러나 주인 되신 하나님이 떠나라고 말씀하시기에 어떤 이유나 조건 없이 떠나기로 결정했다.

잠시 나의 떠남에 대한 하나님의 유머를 한 가지 이야기해야겠다. 2008년 1월 즈음, 은사이신 이덕주 교수님을 모시고 부흥회를 했다. 나는 교인들이 한국 교회사에 얽힌 하나님의 섭리와 은혜의 이야기들을 듣게 될 것을 기대했다. 그러나 교수님이 준비해 오신 말씀들은 미처 기대하지 못했던, 오히려 더 새로운 은혜의 말씀들이었다.

부흥회가 한창 은혜 충만한 가운데 진행되고 있을 때, 교수님은 말씀을 전하시다 말고 갑자기 나를 향해 다가오더니 이렇게 말씀하셨다.

"서 목사! 목사들이 왜 교회를 못 떠나는지 알아? 자기가 심고, 자기가 물 주고, 자기가 거두려고 하니까 못 떠나는 거야!"

설교 본문이나 내용과는 전혀 맞지 않는 말씀을 갑자기 던지시더니 다시 설교 내용으로 돌아가 말씀을 전하기 시작하셨다. 나는 떨리는 몸과 마음을 감추느라 애를 썼다. 왜냐하면 이미 떠남에 대한 하나님의 두 번의 사인이 있었지만 외면하면서 아내와 함께 조금만 더 그곳에 있기를 기도하고 있었기 때문이다. 아무도 모르고 오직 하나님만 내 마음을 아시는데, 하나님이 갑자기 교수님의 입을 통해 맥락 없는 한 말씀을 내게 던지게 하신 것이다. 교수님도 당신이 왜 그런 말을 했는지 도무지 알 수가 없다고 하셨다. 부흥회가 다 끝나도록 나는 계속 갈등하면서 기드온처럼 기도했다.

"하나님, 제가 정말 떠나야 하나요? 그렇다면 저에게 증표를 주세요. 지금 교수님이 입고 있는 저 옷을 제게 주세요. 그러면 하나님의 명령으로 듣고 순종하겠습니다."

이 얼마나 황당한 기도인가! 떠나고 싶지 않았기에 말도 안 되는 억지를 부렸다. 아내도 어이없어하며 웃었다.

모든 일정을 마치고 교수님이 떠나시는 날이 되어 공항으로 모셔 가기 위해 호텔로 향했다. 숙소에서 짐을 가지고 나오는데 교수님의 손에 종이 가방이 하나 들려 있었다.

"서 목사! 내가 한 번도 이렇게 해 본 적이 없는데 참 이상하네. 이거 내가 입었던 건데 서 목사한테 꼭 주고 싶어."

나는 화들짝 놀라며 어찌할 바를 몰랐다.

"교수님, 아닙니다. 주지 마세요. 안 주셔도 됩니다. 괜찮습니다. 주지 마세요!"

어느새 종이 가방은 내 손에 들려 있었고, 나는 웃지도, 울지도 못한 채 속으로 '주여, 주여!' 하며 주님만 불러 댔다. 종이 가방은 차마 열어 볼 수가 없어 차 트렁크에 던져두었다. 교수님이 떠나고 집으로 돌아와서도 한참을 망설이다가 아내에게 말을 했다. 아내와 함께 종이 가방을 열어 보니 말도 안 되는 기도를 했던 그날, 교수님이 입고 계시던 생활 한복 반팔 저고리가 들어 있었다. 그날 아내와 함께 그 옷을 손에 들고 얼마나 한참을 웃었는지, 지금도 생각하면 미소가 나온다. 억지를 부리는 나의 기도에 엄청난 유머로 응답하신 하나님에게 우리는 두 손을 들고 말았다.

나중에 이 이야기를 들은 교수님은 놀라움을 금치 못하셨고, 당신의 자서전에 이 일을 기록하셨다. 지금도 옷장 안에 걸려 있는 그 옷을 볼 때마다 우리를 인도하시는 하나님은 실수가 없으신 분임을 믿으며 이해할 수 없는 현재를 견디고 내일을 바라본다.

이 이야기를 듣는 사람들은 모두 어이없어한다. 재미있다고도 한다. 소설 같은가? 맞다. 하나님이 쓰신 소설이다. 하나님이 일하시는 방법에는 제한이 없다. 내 삶을 향한 하나님의 계획과 인도하심에는 이유가 있고, 그것을 이루어 가시는 원리와 방법도 있다. 나는 그렇게 이루어 가시는 그분의 목적이 있음을 믿는다.

하나님은 자녀인 우리가 당신이 보내신 이유와 목적에 맞게 살기를 원하신다. 우리는 믿음으로 택함을 받고 거룩한 나라로 부름을 받은 자들이다. 그래서 영원한 것을 바라보며 살도록 특별한 사용 설명서를 더해 주셨다. 이것은 차별이 아니라 선택이다. 믿음으로 나아오면 비로소 알 수 있고 볼 수 있는 아주 흥미로운 하나님의 작전이다.

✿ 알려고 하지 않으면 알 수 없다

주변에서 제품의 사용 설명서를 온전히 숙지하고 제대로 파악한 후 사용하는 사람들을 발견한 적이 있는가? 대다수는 자신들이 알고 있는 만큼만을 사용하며 살아간다. 그렇게 사용해도 크게 불편하지 않기 때문이다. 어떤 이들은 자신에게 편안하거나 익숙해져 있는 방법만을 계속 사용하다가 꼭 필요한 기능이 있으면 그 부분만을 선택해서 사용한다. 그러다가 문제가 발생하면 비로소 제품 사용법을 제대로 숙지하지 못함으로 인한 문제의 원인을 발견하게 된다. 알고 보면 의외로 사용 방법이 너무 간단해서 어이없는 표정을 지었던 경험이 한두 번쯤은 있지 않은가.

우리는 마치 자신이 모든 것을 다 알고 있는 듯이 살아가려 할 때가 많다. 그러나 이내 내 뜻대로 안 되는 것들이 많이 있음을 깨닫는다. 처음 사람에게 세상의 모든 것들이 주어졌을 때부터 그 모든 것을 잘 사용할 수 있는 원리 또한 우리 손에 쥐어져 있었다. 자신의 생각을 내려놓고 그 손을 펼쳐 보라. 하나님이 허락하신 세상에 대한 이유와 원리를 살펴보라. 그것을 알려 하지 않고 스스로 힘겹게 해결하려 하다 보면 시간만 허비할 뿐이다. 그러한 삶의 원리를 모른다면, 그것은 다만 알려고 하지 않았기 때문이다.

우리는 세상에 내던져진 존재가 아니다

하나님은 세상을 창조한 후 당신의 형상대로 사람을 만드셨다. 사람은 그 세상의 한복판에 던져진 존재로서 어디에 정착할지, 무엇을 어떻게 해야 할지 모든 것을 알아서 결정하고 살아야 한다. 그런데 정말 하나님이 세상 한복판에 우리를 던져두셨다고 믿는가? 그렇지 않다. 하나님은 우리를 그렇게 살아가도록 내버려 두지 않으셨다. 하나님에게는 우리를 향한 분명한 계획과 목적이 있기에 그에 따른 삶의 원리들을 우리에게 제시해 주셨다. 문제는 우리가 그 원리를 자세히 알아보려고 하지 않는 것이다. 다만 시간이 지나면서 자연스럽게 익숙해진 자기 방법을 가지고 사는 것이다. 그러다가 어느 순간 그렇게 살면 안 된다는 것을 깨닫고 돌이켜보려 하지만 '철들면 무덤 앞이라' 이미 인생은 저물어 가게 된다. 그러나 우리는 의미 없이 창조되어 이 세상에 내던져진 존재가 아니다. 우리는 하나님이 주신 세상을 사는 일반적인 원리들과 더불어 영원한 것을 바라보며 사는 영적인 원리도 펼쳐 보아야 한다. 이제 믿음 안에서 다르게 사는 삶을 위한 부르심에 맞는 영적인 특별한 원리들을 살펴보자.

14. 동행의 원리
- 죽음의 족보에서 희망을 찾다

"므두셀라를 낳은 후 삼백 년을 하나님과 동행하며 자녀들을 낳았으며 그는
삼백육십오 세를 살았더라"(창 5:22-23).

특별한 사람, 에녹

창세기 5장에 나오는 아담 이후의 족보 이야기는 '낳고 죽었더라'의 반복이
다. 본문을 읽다 보면 '인간이 정말 이렇게 오랫동안 살 수 있을까?'라는 의
문이 들기도 한다. 그러나 이 족보는 얼마나 오랫동안 살았느냐를 말하는
것이 아니라, 하나님을 떠난 인간의 마지막은 죽음이라는 것을 알려 준다.

이 죽음의 족보에서 새로운 삶의 원리를 한 가지 더 발견할 수 있다. 그것
은 하나님의 백성으로 살아가는 사람들을 향한 영적인 원리다. 창세기 5장
에는 특별한 한 사람이 등장한다. 에녹이다. 그는 죽음의 족보를 거친 많은
사람 가운데 매우 특별한 삶을 살았다. 아무도 경험해 보지 못한 다른 삶이
었다. 에녹은 족보에 있는 사람 중에 가장 짧은 삶을 살았으며, 300년 동안

하나님과 동행하다가 사라졌다. 하나님이 그를 데려가셨기 때문이다. 에녹은 죽음을 경험하지 않았다.

에녹은 하나님이 주신 일반적인 원리들을 다 겪으며 살았다. 그런데 남달리 죽음의 족보 속에서 다른 삶을 살 수 있었던 것은, 아마도 일반적인 삶의 원리와는 다른 무엇인가를 깨닫거나 체험했기 때문일 것이다. 그래서 다른 걸음으로 삶의 또 다른 원리에 도전했으리라 생각된다. 그렇기에 에녹은 65세에 므두셀라를 낳은 이후 삶의 변화를 일으킬 수 있지 않았을까? 그는 온전한 것을 선택했고, 300년 동안 하나님과 동행하며 성장을 멈추지 않았다.

《날마다 하나님께로 더 가까이》(순전한나드 역간)의 저자인 존 비비어(John Bevere)는 에녹이 65세에 므두셀라를 낳은 이후 어떤 결정적인 변화가 있었을 것이라고 생각한다. 그러하기에 300년을 하나님과 동행했다고 성경이 기록하는 것이 아니겠느냐는 것이다. 존 비비어는 자신의 상상력을 동원해서 다음과 같은 주장을 펼친다.

"에녹이 태어났을 때 아담은 622세였다. 에녹은 용기를 내어 아담을 만났을 것이고, 하나님을 떠나 광채를 잃은 아담을 통해 에덴동산의 불미스러운 일에 대한 자세한 이야기를 들었을 것이다. 그러면서 그는 자신의 삶을 결심한 후 새로워진 마음으로 하나님과 동행하는 삶으로의 여정을 시작했을 것이다."

이러한 존 비비어의 상상력은 내게 너무나도 놀라운 도전이었다. 그냥 읽고 지나쳤던 내용에 이렇게까지 접근하는 것을 보고 나도 성경을 자세히 찾기 시작했다. 그리고 존 비비어의 상상력보다 더 분명하게 기록된 다른 만남과 사건이 있었음을 알게 되었다. 유다서에 기록된 에녹에 대한 말씀은 그가 하나님을 경험하는 사건이 있었음을 말해 준다.

"아담의 칠대 손 에녹이 이 사람들에 대하여도 예언하여 이르되 보라 주께서 그 수만의 거룩한 자와 함께 임하셨나니 이는 뭇사람을 심판하사 모든 경건하지 않은 자가 경건하지 않게 행한 모든 경건하지 않은 일과 또 경건하지 않은 죄인들이 주를 거슬러 한 모든 완악한 말로 말미암아 그들을 정죄하려 하심이라 하였느니라 이 사람들은 원망하는 자며 불만을 토하는 자며 그 정욕대로 행하는 자라 그 입으로 자랑하는 말을 하며 이익을 위하여 아첨하느니라"(유 1:14-16).

예언이 무엇인가? 그것은 다름 아닌 하나님의 뜻을 백성에게 전하는 것이며, 곧 예언자의 마땅한 사명이다. 내가 하고 싶은 대로 하는 말이 예언일 수 없음은 물론이요, 장래의 심판에 대한 말을 어느 누가 함부로 할 수 있겠는가? 에녹은 분명 하나님과의 만남을 통해 들은 말씀을 그대로 예언했다고 유다는 증언하고 있다. 이 만남은 에녹의 인생을 새롭게 만들었다. 하나님과의 만남은 에녹이 어떻게 살아야 하는지를 분명히 깨닫게 했을 것이다. 그렇게 시작된 동행은 300년 동안 하나님과 함께하는 삶을 살게 했다.

"에녹이 하나님과 동행하더니 하나님이 그를 데려가시므로 세상에 있지 아니하였더라"(창 5:24).

아담이 하나님을 떠난 이후 죽음의 이야기로 가득한 창세기 5장의 족보 속에서 우리는 새로운 소망을 발견한다. 에녹은 하나님과 동행하는 삶을 통해 죽음을 맛보지 않고 직접 하나님에게로 올라간 놀라운 기록을 남겼다. 그것은 우리가 붙잡아야 할 영적인 특별한 원리의 출발이 되었다.

💧 동행하는 삶, 믿음의 삶

에녹의 동행하는 삶에 대해 히브리서 11장은 그 삶의 걸음이 어떤 것인지를 자세히 보여 주고 있다.

> "믿음으로 에녹은 죽음을 보지 않고 옮겨졌으니 하나님이 그를 옮기심으로 다시 보이지 아니하였느니라 그는 옮겨지기 전에 하나님을 기쁘시게 하는 자라 하는 증거를 받았느니라"(히 11:5).

하나님과 동행하는 삶에 대해 히브리서는 '믿음'을 말한다. 믿음 때문에 하나님에게로 옮겨졌다는 것이다. 그뿐인가? 그 믿음 때문에 '하나님을 기쁘시게 하는 자'라는 증거를 받았다고 한다. 그러면서 이어서 하나님을 기쁘시게 하는 믿음이 무엇인지를 알려 준다.

> "믿음이 없이는 하나님을 기쁘시게 하지 못하나니 하나님께 나아가는 자는 반드시 그가 계신 것과 또한 그가 자기를 찾는 자들에게 상 주시는 이심을 믿어야 할지니라"(히 11:6).

하나님을 기쁘시게 하는 믿음은 다름 아닌 하나님에게 나아가는 것이다. '나아감'이란 하나님의 살아 계심을 믿으며 그 하나님을 찾는 것이다. 이것을 창세기는 '하나님과 동행하는 삶'이라고 말한다. 주일에 한 번 하나님을 예배하고 그분을 찾는 것이 아니라, 날마다(300년 동안) 하나님의 살아 계심을 믿고, 날마다 그분을 찾는 것이 '에녹의 삶', 곧 '하나님과 동행하는 삶'이다. 그것은 어쩌다 한 번 이루어진 특별한 만남이나 어느 날 갑자기 회심하는 사건이 아니다. 하나님과의 동행은 일상에서 날마다 하나님과 만나고 교제하며 그분과 동거하는 것이다.

창세기 전반부에 보이는 원리의 중심에는 에녹의 삶이 우뚝 서 있다. 우리는 죽기 위해 존재하는 것이 아니다. 죽음이 다가올지라도 하나님과 동행하는 믿음을 선택하고 살아야 하는 존재다. 또한 끊임없이 성장하는 존재다. 우리는 매 순간 성장하는 힘의 원동력이 되는 '하나님과 동행'하는 일에 집중해야 한다. 우리에게 주어진 삶의 기회를 오늘 주님과 동행하는 일에 사용해야 한다. 끊임없이 반복되는 동행의 삶은 우리로 하여금 하나님을 기쁘시게 하는 자가 될 수 있게 한다.

에녹은 하나님과 동행하는 삶(날마다 보고 듣는 삶)이 어떤 것인지 그리고 어떻게 동행해야(보고 들어야) 하는지를 보여 주는 가장 좋은 예가 된다. 그러하기에 '하나님을 기쁘시게 하는 자'라는 말이 우리의 삶에도 들리도록 하나님과 동행하는 삶에 대해 진지하게 고민하면서 매일의 삶을 열어야 할 것이다.

일반적인 삶의 원리가 세상에서 적용될 때, 우리는 삶 속에서 풍성한 열매를 거두며 살아갈 수 있다. 또한 영적인 원리들을 우리 삶에 적용하기 시작하면 우리의 일상뿐 아니라 영적인 삶까지도 더욱더 풍성해진다. 그뿐 아니라 소망의 삶, 이타적인 삶, 섬김의 삶, 믿음의 삶으로 나아가게 된다. 동행의 원리는 영적인 삶의 원리의 첫 번째이며 새로운 삶에로의 초대이다. 이제 하나님과 동행하기를 힘쓰라.

15. 다름의 원리
- 영적 원리의 기둥을 세우다

"나는 너희의 하나님이 되려고 너희를 애굽 땅에서 인도하여 낸 여호와라 내가 거룩하니 너희도 거룩할지어다"(레 11:45).

구약을 관통하는 세 가지 사건

창세기 12장에서 말라기까지 구약성경 전체를 관통하는 세 가지 사건이 있다. 그것은 성경을 이해하고 신앙생활이 무엇인지를 깨달아 믿음으로 살아가려는 자들에게 특별한 원리를 가르쳐 준다. 하나님은 자기만족과 자기 사랑에 빠져 자기 소견대로 살아가는 세상을 향해 다르게 살아가는 영적 원리를 가르쳐 주고자 하셨다. 에녹과 같이 하나님과 동행하는 삶을 살기 원한다면 구약에 드러난 이 세 가지 사건을 주의해 보아야 한다. 세 가지 사건은 다음과 같다.

첫째, 하나님은 아브라함을 갈대아 우르에서 불러내셨다.

"여호와께서 아브람에게 이르시되 너는 너의 고향과 친척과 아버지의 집을 떠나 내가 네게 보여 줄 땅으로 가라 내가 너로 큰 민족을 이루고 네게 복을 주어 네 이름을 창대하게 하리니 너는 복이 될지라"(창 12:1-2).

여호수아는 그의 마지막에 아브라함과 그의 조상에 대해 이렇게 설명한다.

"옛적에 너희의 조상들 곧 아브라함의 아버지, 나홀의 아버지 데라가 강 저쪽에 거주하여 다른 신들을 섬겼으나"(수 24:2).

하나님은 다른 신들을 섬기며 그것에 사로잡혀 있는 아브라함을 불러내셨다. 그의 삶의 방법, 그의 소유, 그의 모든 기득권을 다 내려놓게 하신 후 그를 그 좋은 곳, 갈대아 우르에서 불러내셨다. 우르는 발달된 문명지였고, 비옥한 땅이었으며, 사람들이 살기에 참 좋은 곳이었다.

둘째, 하나님은 애굽에서 이스라엘 백성을 구출해 내셨다.

"이제 가라 이스라엘 자손의 부르짖음이 내게 달하고 애굽 사람이 그들을 괴롭히는 학대도 내가 보았으니 이제 내가 너를 바로에게 보내어 너에게 내 백성 이스라엘 자손을 애굽에서 인도하여 내게 하리라"(출 3:9-10).

이스라엘 백성은 애굽에서 하나님의 뜻에 따라 광야로 나왔으나 여전히 애굽을 회상했다. 그들은 애굽에서 고기 가마 곁에 앉아 배불리 음식을 먹던 때를 그리워했다(출 16:3). 애굽에서 값없이 생선과 오이와 참외와 부추와 파와 마늘을 먹었던 것이 눈에 선하다고 했다(민 11:5). 애굽은 젖과 꿀이 흐르는 땅이라고 했다(민 16:13). 그러나 그들은 그곳에서 바로와 세상의 노예가 되어 살았던 것을 잊었다. 하나님이 노예 되었던 삶에서 불러내신 것은 새로운 신분으로 다르게 살아가라고 하신 것이다.

셋째, 하나님은 바벨론에서 포로가 되었던 이스라엘을 끌어내셨다.

> "여호와께서 이와 같이 말씀하시니라 바벨론에서 칠십 년이 차면 내가 너희를 돌보고 나의 선한 말을 너희에게 성취하여 너희를 이곳으로 돌아오게 하리라"(렘 29:10).

끊임없이 반역하고 불순종하며 바알과 아세라 앞으로 달려가는 이스라엘을 향해 그럼에도 불구하고 하나님은 신실하셨다. 약속을 지키시는 하나님, 긍휼이 풍성하신 하나님은 포로가 되어 살아가는 그들을 불러내어 다시 소망을 주셨다. 지금도 하나님은 세상에 사로잡혀 그들의 노예와 포로가 되어 비참해지고, 낮아지고, 일그러진 자들을 부르신다. 그들의 정체성을 회복시키고 싶어 하신다. 세상의 한복판에서 살아야 하는 우리에게 진정한 회복을 위한 하나님의 특별한 원리는 다르게 사는 것이다.

그들이 살던 곳은 세상의 한복판이다

아브라함의 고향인 갈대아 우르는 최고의 도시 국가가 형성되어 있던 곳이다. 유프라테스 강과 티그리스 강 하류, 즉 세계 문명의 발생지였다. 애굽 또한 나일 강 지역으로 4대 문명지 가운데 한 곳이다. 그 당시 최고의 도시가 세워진 강대한 나라였다. 거기서 하나님은 이스라엘을 불러내셨다. 그뿐 아니라 이후 이스라엘이 붙잡혀 포로가 되어 살아가던 바벨론 또한 세계 최강의 나라였으며, 상상을 초월하는 힘과 권력을 가진 곳이었다. 그곳에서 하나님은 이스라엘을 다시 인도해 내셨다.

왜 그들을 불러내셨을까? 그들은 풍요로운 곳에 살면서 우상을 만들어 섬기고 세상의 즐거움에 사로잡혀 있었다. 정체성이 혼란해지고 하나님의 택함 받은 자녀답게 살아야 한다는 것을 망각해 버렸다. 그들 안에 하나님의 형상이 변질되고 있었다. 하나님은 이스라엘의 하나님이 되시고 이스라엘은 하나님의 백성이 될 것이라는 약속을 잊어버린 것이다.

"나는 너희 중에 행하여 너희의 하나님이 되고 너희는 내 백성이 될 것이니라"(레 26:12).

그뿐 아니라 시간이 갈수록 세상에 끌려다니며 세상이 원하는 대로 살게 되었다. 하나님 없이 사는 자들의 삶은 결국 세상의 노예로 전락하게 된다. 하나님에게 불순종하고 배반하던 이스라엘도 결국 바벨론의 포로가 되었다. 세상은 모든 것을 주는 것 같지만 결국에는 그곳에 사로잡히게 만든다. 그렇게 벗어날 힘도, 능력도 빼앗긴 채 무기력한 포로가 되어 무기력한 삶으로 최후를 맞이하게 한다. 그 어느 때보다 발달된 최첨단의 시대를 사는 우리도 마찬가지가 아닌가? 세상의 유행을 따르다가(엡 2:2) 세상과 친구가 되고(약 4:4), 세상을 사랑하고(요일 2:15), 세상을 닮아 간다(롬 12:2). 어느 순간 세상에 사로잡힌 인생으로 노예가 되고 포로가 되어 그것이 전부인 것처럼 살아가고 있다.

그러나 성경은 갈대아 우르에 여전히 남아 있던 자들에 대한 기록이 아니다. 애굽에 남아서 살아 보려고 애쓰던 자들, 바벨론에서 계속 살아가던 자들의 이야기도 아니다. 성경은 그곳에서 그들을 불러내신 하나님의 인도하심을 따라 다시 하나님과 함께 살아가려는 자들을 위한 하나님의 이야기이다.

🔅 다르게 살라, 구별되게 살라

하나님은 당신의 백성을 불러내실 때마다 어떻게 살아야 하는지를 가르쳐 주셨다. 아브라함에게는 계속해서 약속의 말씀을 주셨다. 구별된 삶의 발걸음은 부르신 분의 약속을 신뢰하며 걸어가는 것이다. 성경은 그것을 '믿음'이라고 한다. 애굽에서 이스라엘을 구원하셨을 때는 성막과 율법(언약)을 주셨다. 성막을 통해 백성의 삶의 중심에 함께 거하기를 원하시고, 만나기를 원하시며, 말씀하시기를 원하셨다. 하나님의 집인 성막 중심의 삶을 통해 백성과 언약(율법)을 세우시고, 그 언약을 따라 순종하며 복되게 살라고 말씀하셨다. 바벨론에서 불러내셨을 때는 성전을 회복하고 율법을 다시 지키도록 하셨다. 하나님은 이스라엘에게 다시 시작하자고 하시며 그들의 새로운 소망의 걸음을 원하셨다.

하나님은 우리를 그냥 부르시지 않는다. 하나님의 부르심은 다르게 살아갈 기회와 방법을 알려 주어 우리를 새롭게 하시기 위함이다. 하나님의 백성으로서 합당한 삶을 살게 하시기 위함이다. 은혜를 받는 것은 단지 은혜 받은 사실을 알기 위함이 아니라, 은혜 받은 자로 합당하게 살기 위함이다. 그것은 이전과는 다른 삶이다. 세상과는 구별된 삶의 방식으로 사는 것이다. 다름과 구별됨을 하나님은 '거룩'이라고 말씀하신다. 하나님은 에녹을 통해 죽음으로 끝나 버릴 삶의 여정을 바꾸어 하나님과 끊임없는 믿음의 동행을 하도록 해 주셨다. 그것을 위해 하나님은 다르게 살라, 구별되게 살라, 거룩하게 살라고 명령하신다. 부르심의 이유는 곧 다르게 살게 하시기 위함이다.

거룩함은 우선순위의 문제다

거룩한 삶의 방식을 선택하는 것에 대해 너무 고차원적으로 생각하거나 그것을 부담스럽고 거북하게 느낄 필요는 없다. 거룩은 삶의 우선순위를 어떻게 정할 것인가에 대한 문제다.

> "그러므로 염려하여 이르기를 무엇을 먹을까 무엇을 마실까 무엇을 입을까 하지 말라 이는 다 이방인들이 구하는 것이라 너희 하늘 아버지께서 이 모든 것이 너희에게 있어야 할 줄을 아시느니라 그런즉 너희는 먼저 그의 나라와 그의 의를 구하라 그리하면 이 모든 것을 너희에게 더하시리라"(마 6:31-33).

'먼저'라는 말은 다른 것을 하지 말라는 것이 아니다. 무엇보다도 먼저 해야 할 것을 우선에 놓고 처리하라는 말이다. 왜냐하면 다른 것도 우리에게 필요하고 있어야 할 줄을 하나님이 아시기 때문이다. 그러므로 염려하거나 걱정하지 말고, 먼저 해야 할 것을 뒤로 미루지 말고 지금, 오늘 바로 실행에 옮기라는 것이다. 먼저 해야 할 것, 곧 하나님 아버지의 것을 구하는 것,

이것이 거룩함이다.

> "그런즉 너희가 먹든지 마시든지 무엇을 하든지 다 하나님의 영광을 위하여 하라 유대인에게나 헬라인에게나 하나님의 교회에나 거치는 자가 되지 말고 나와 같이 모든 일에 모든 사람을 기쁘게 하여 자신의 유익을 구하지 아니하고 많은 사람의 유익을 구하여 그들로 구원을 받게 하라"(고전 10:31-33).

거룩한 삶, 다르게 구별된 삶에서 '먼저'라고 말함의 또 다른 의미는 자기 유익을 내려놓는 것이다. 그것은 하나님에게 맡기는 것이다. 하나님이 책임져 주실 것을 믿고 덮는 것이다. 그리고 많은 사람의 유익과 교회의 유익을 구하며 거룩한 삶의 발자취로 하나님의 영광이 드러나게 하는 것이다. 거룩한 삶을 어려워하는 우리의 약점은 거룩한 삶에 대한 오해에서 비롯된다. 우리는 종종 거룩한 삶을 홀로 남다르게 살다가 지쳐서 쓰러질 것처럼 생각한다. 그러나 우리의 모든 필요를 아시는 하나님은 우리가 우선순위를 잘 세워서 질서 있고 복되게 살기를 바라신다.

✿ 다름과 구별됨은 개념이 아니라 삶의 행동이다

하나님의 사람으로 살아가는 원리들을 명사화해서는 안 된다. '동행하다'라는 말은 '멈춤'을 말하는 것이 아니다. '다름'이라는 표현은 '다르다'가 아니라 '다르게 살아가다'가 되어야 한다.

'거룩'은 개념이 아니라 '삶'이다. '거룩하게 살아가고 있는 것'을 의미한다.

"오직 너희를 부르신 거룩한 이처럼 너희도 모든 행실에 거룩한 자가 되라 기록되었으되 내가 거룩하니 너희도 거룩할지어다 하셨느니라"(벧전 1:15-16).

"하나님의 뜻은 이것이니 너희의 거룩함이라"(살전 4:3).

이 말씀은 '거룩'을 개념처럼 느끼게 할 수 있다. 하지만 다음 말씀을 계속 살펴보면 거룩은 행동이고 삶이라는 것을 확실히 알 수 있다.

"곧 음란을 버리고 각각 거룩함과 존귀함으로 자기의 아내 대할 줄을 알고 하나님을 모르는 이방인과 같이 색욕을 따르지 말고"(살전 4:3-5).

하나님이 주신 다름의 원리는 바로 '거룩한 삶'이다. 존 버니언(John Bunyan)의 《천로역정》에는 허영의 시장에서 순례자들이 박해와 조롱을 당하는 내용이 나온다. 순례자들이 허영의 시장 사람들과 너무나 달랐기 때문이다. 입고 있는 것이 달랐고, 말하는 것이 달랐다. 그리고 무엇보다 그들이 바라보는 것이 달랐다.

혼란한 이 시대를 살아가는 우리는 무엇을 바라보아야 하는가. 하나님이 우리를 택하여 부르고 다르게 살아가라고 하신 이유는 하나님의 백성이 세상과 어울려 선악의 구별 없이 살아가는 것을 안타깝게 여기셨기 때문이다. 하나님은 우리가 하나님이 주신 삶의 원리와 방법을 붙잡고 하나님과 동행하는 걸음을 걷기를 원하신다. 하나님은 오늘도 다르게 걸어가는 그 한 사람을 기대하신다.

16. 바라봄의 원리
- 무엇을 바라볼 것인가

"나의 영혼이 잠잠히 하나님만 바람이여 나의 구원이 그에게서 나오는도다 오 직 그만이 나의 반석이시요 나의 구원이시요 나의 요새이시니 내가 크게 흔들 리지 아니하리로다"(시 62:1-2).

바라보는 것은 중요하다

애굽이라 불리는 세상으로부터 약속의 땅을 향해 나아가는 여정 속에서 이 스라엘 백성이 바라볼 수 있는 것은 끝없이 펼쳐진 광야 외에 아무것도 없 었다. 기대할 만한 것도, 소망할 만한 것도 전혀 없었다. 그 속에서 견뎌 내 며 나아가야 하는 그들에게 하나님은 어떻게 살아야 하는지를 가르쳐 주셨 다. 이제는 세상에 사로잡힌 자, 노예가 아닌 부름 받은 자, 자유를 가진 자 로 새로운 선택을 하며 살아가도록 이끌어 주셨다. 즉 다르게 구별되어 거 룩하게 살아갈 길을 보여 주셨다. 그들에게 보여 주신 영적인 삶의 방법은 바로 하나님을 바라보기 위한 훈련이었다. 바라보는 것은 매우 중요한 일 이다. 출애굽한 이스라엘 백성은 이 바라봄에서 실패하고 쓰러졌었다.

아무것도 없는 광야에서 그들이 40년간 매일, 하루도 빠짐없이 바라보아야 하는 것들이 있었다. 우리는 그것들을 통해 영적인 삶의 원리를 발견할 수 있다. 그것은 어떤 환경이나 상황 속에 있을지라도 놓쳐서는 안 되는 것, 반드시 바라보아야 할 것이 무엇인지를 알려 준다. 왜 바라보는 것이 중요한가? 그것은 너무 많은 이들이 바라보아서는 안 되는 것들과 바라보지 않아도 되는 것들을 바라보다가 무참히 실패했기 때문이다. 출애굽한 이스라엘 백성도 그렇게 사라져 버렸다. 그뿐 아니라 우리 주변의 동료들 또한 생명나무보다 선악을 알게 하는 나무를 바라보다가 자기 욕망에 이끌려 사라져 버렸기 때문이다.

광야의 삶에서 경험한 세 가지

하나님의 인도하심을 바라보아야 한다

출애굽 이후 하나님이 이스라엘 백성을 홍해의 광야 길로 인도하실 때부터 (출 13:17-22) 시작된 40년 광야 생활 길에서 그들은 계속 반복해서 구름 기둥과 불기둥을 바라보며 나아갔다.

"낮에는 구름 기둥, 밤에는 불기둥이 백성 앞에서 떠나지 아니하니라"(출 13:22).

구름 기둥과 불기둥은 광야 생활 내내 그들과 함께했다. 때로는 그들을 지켜 보호하기 위해 특별한 역할을 감당하기도 했다. 애굽의 군대가 뒤쫓아 왔을 때 애굽 진영과 이스라엘 진영 사이를 구별해서 보호해 주던 것은 구름 기둥이었다.

> "이스라엘 진 앞에 가던 하나님의 사자가 그들의 뒤로 옮겨 가매 구름 기둥도 앞에서 그 뒤로 옮겨 애굽 진과 이스라엘 진 사이에 이르러 서니 저쪽에는 구름과 흑암이 있고 이쪽에는 밤이 밝으므로 밤새도록 저쪽이 이쪽에 가까이 못하였더라"(출 14:19-20).

때로는 하나님의 임재하심을 드러내어 보여 주기 위해 구름 기둥을 사용하시기도 했다. 성막에 가득한 구름은 여호와의 영광이었고, 누구도 함부로 들어가거나 나올 수가 없었다. 솔로몬 시대에도 성전 봉헌식을 할 때 여호와의 전에 구름이 가득해 제사장들이 능히 서서 섬기지 못했다는 기록이 있다(대하 5:13-14). 구름이 가득 찬 모습은 여호와의 영광이 임하는, 즉 하나님의 임재하심을 드러내 주는 것이다.

> "모세가 회막에 들어갈 수 없었으니 이는 구름이 회막 위에 덮이고 여호와의 영광이 성막에 충만함이었으며"(출 40:35).

때로는 이스라엘 백성의 진이 행진하는 일에도 구름 기둥이 사용되었다. 출애굽을 한 그들은 여호와의 명령을 따라 진을 치기도 하고 행진하기도 했는데, 이때 백성의 전체 이동은 온전히 하나님의 지휘 아래 이루어졌다. 그때 하나님이 사용하신 방법이 구름 기둥을 움직이는 것이었다. 구름 기둥이 떠오르면 그들도 행진하고, 이틀이든, 한 달이든, 1년이든 구름 기둥이 머물러 있으면 그들도 그대로 머물러 있었다. 여호와의 인도하심에 따라 모든 것들이 그렇게 진행되었다.

"혹시 구름이 저녁부터 아침까지 있다가 아침에 그 구름이 떠오를 때에는 그들이 행진하였고 구름이 밤낮 있다가 떠오르면 곧 행진하였으며 이틀이든지 한 달이든지 일 년이든지 구름이 성막 위에 머물러 있을 동안에는 이스라엘 자손이 진영에 머물고 행진하지 아니하다가 떠오르면 행진하였으니"(민 9:21-22).

광야에서 이스라엘의 삶의 결정은 인위적으로, 아니면 자신들이 원하는 대로 진행하는 것이 아니었다. 광야 생활 내내 이스라엘은 구름 기둥과 불기둥을 바라보며 하나님의 인도하심을 따라 움직였다. 이러하듯이 다르게 살아가는 삶의 원리는 하나님을 바라보고 따라가는 것이다. 우리는 눈을 들어 우리의 인도자 되시는 하나님을 바라보아야 한다. 나의 도움이 되시는 하나님을 바라보아야 한다. 선악을 알게 하는 나무가 아니라, 그것을 맡겨 주신 분을 바라보아야 한다. 물 위를 걷게 되는 일이 생겨도 다른 것에 시선을 빼앗기지 않고 끝까지 예수를 바라보아야 한다. 믿음의 주, 우리를 온전하게 하시는 예수님만을 바라보아야 한다. 우리는 가만히 서서 여호와가 우리를 위해 행하시는 구원을 보아야 한다.

하늘을 바라보아야 한다

애굽에서 나온 지 약 75일이 지났을 때부터(출 16:1-2) 그들은 먹을 것 때문에 원망하기 시작했고, 이 사건을 계기로 40여 년간 그들은 하늘에서 내리는 만나를 먹으며 광야 생활을 해야 했다. 이 만나는 조상들도 알지 못하는 특별한 음식이었다. 이 만나는 하늘에서 내려오는 하늘 양식이었다. 이 만나는 하나님의 사람이 어떻게 살아야 할지를 알려 주는 영의 양식이었다. 하나님은 이 힘센 자의 떡을 사람이 먹게 하셨고, 모자람이 없도록 하셨다.

> "그때에 여호와께서 모세에게 이르시되 보라 내가 너희를 위하여 하늘에서 양식을 비같이 내리리니 백성이 나가서 일용할 것을 날마다 거둘 것이라 이같이 하여 그들이 내 율법을 준행하나 아니하나 내가 시험하리라"(출 16:4).

> "그러나 그가 위의 궁창을 명령하시며 하늘 문을 여시고 그들에게 만나를 비같이 내려 먹이시며 하늘 양식을 그들에게 주셨나니 사람이 힘센 자의 떡을 먹었으며 그가 음식을 그들에게 충족히 주셨도다"(시 78:23-25).

그런데 여기서 기억해야 하는 것은, 만나에는 음식의 개념을 넘어서는 하나님의 뜻이 있었다는 것이다. 그러므로 만나를 먹거나 그것이 떨어지는 하늘을 바라본다는 것은 단순히 먹는 행위가 아니라, 하늘에서 먹을 것을 내리고 책임져 주시는 하나님을 바라보는 삶을 살아야 한다는 것이다. 구별됨이란, 다르게 살아가는 삶이란 바로 하늘 아버지를 바라보며, 신뢰하며 그 뜻을 따라 살아가는 것이다.

"너를 낮추시며 너를 주리게 하시며 또 너도 알지 못하며 네 조상들도 알지 못하던 만나를 네게 먹이신 것은 사람이 떡으로만 사는 것이 아니요 여호와의 입에서 나오는 모든 말씀으로 사는 줄을 네가 알게 하려 하심이니라 이 사십 년 동안에 네 의복이 해어지지 아니하였고 네 발이 부르트지 아니하였느니라"(신 8:3-4).

이스라엘 백성은 광야를 지나는 동안 아침마다 하늘 문을 열고 만나를 내려 주시는 하나님의 은혜를 바라보며 우리 인생을 먹이고 입히시는 분이 하나님이심을 깨닫고 신뢰하는 훈련의 시간을 갖게 되었다. 눈을 들어 우리를 먹이시는 하나님을 바라보는 삶은 복되고 귀하다. 이것이 출애굽 세대를 통해 지금도 말씀하시는 하나님의 특별한 영적 원리다.

성막을 바라보아야 한다

광야 생활 속에서 한 가지 더 바라보며 살아야 하는 것이 있는데, 그것은 성막이다. 구름 기둥과 불기둥을 통한 인도하심과 만나와 메추라기를 통한 먹여 주심이 시작된 후 하나님은 이스라엘 백성에게 모세를 통해 거룩한 백성으로 구별되는 삶의 가장 대표적인 것으로 성막을 말씀해 주셨다.

"내가 그들 중에 거할 성소를 그들이 나를 위하여 짓되"(출 25:8).

하나님은 먼 곳에서 우리를 지켜보시는 분이 아니라, 우리 가운데서 함께하기를 원하시는 분이다.

"거기서 내가 너와 만나고"(출 25:22a).

하나님은 우리와 온전한 관계를 맺고 만나기를 원하신다. 일방적이거나 강압적인 존재로서의 두려움의 신이 아니라, 인격적인 분으로서 우리 곁에 함께하기를 원하신다.

"두 그룹 사이에서 내가 이스라엘 자손을 위하여 네게 명령할 모든 일을 네게 이르리라"(출 25:22b).

하나님은 말씀하시는 분, 곧 우리에게 오셔서 우리와 우리 자손을 위해 삶의 방향을 제시하고 거룩한 백성으로 살아가는 방법을 자세히 가르쳐 주는 자상하고 친밀한 분이시다. 그분은 지금도 여전히 말씀하신다.

성막은 광야에서 하나님의 명령을 따라 제작된 이후 계속해서 우리와 함께하시는 하나님을 대표적으로 상징한다. 이동할 때마다 그리고 진을 칠 때마다 성막을 보면서 이스라엘 백성은 하나님이 함께하심을 느끼게 되었을 것이다. 구름 기둥과 불기둥은 광야 생활이 끝날 때 사라졌지만, 성막은 그들이 가나안에 정착한 이후에도 계속해서 함께했다.

삶 속에 담긴 영적인 원리

광야에서 이스라엘 백성에게 하루도 빠짐없이 하늘에서 만나를 부어 주신 것은, 우리 삶의 먹고 마시는 모든 부분을 책임져 주시는 하나님을 바라보며 살아가는 영적 원리를 가르쳐 주신 것이다.

"그러므로 염려하여 이르기를 무엇을 먹을까 무엇을 마실까 무엇을 입을까 하지 말라 이는 다 이방인들이 구하는 것이라 너희 하늘 아버지께서 이 모든 것이 너희에게 있어야 할 줄을 아시느니라 그런즉 너희는 먼저 그의 나라와 그의 의를 구하라 그리하면 이 모든 것을 너희에게 더하시리라"(마 6:31-33).

이스라엘 백성은 밤마다 불기둥과 함께 따뜻한 불길 속에서 흑암과 추위를 달래며 평안한 밤을 지냈다. 낮에는 구름 기둥으로 앞서 인도하며 무더위를 가려 주시는 하나님을 매일 바라보며 행진했다. 이러한 삶은 그들을 구별된 백성으로 다르게 대하시는 하나님을 온전히 바라보는 법을 배워 가는 시간이 되었다.

"두려워하지 말라 내가 너와 함께함이라 놀라지 말라 나는 네 하나님이 됨이라 내가 너를 굳세게 하리라 참으로 너를 도와주리라 참으로 나의 의로운 오른손으로 너를 붙들리라"(사 41:10).

성막은 단순히 하나님의 함께하심과 인도하심만을 알게 하지 않는다. 성막은 이스라엘 백성이 누구인지, 즉 그들이 하나님의 백성으로서의 정체성을 분명히 깨닫게 하는 역할을 한다. 이스라엘은 다른 곳에서 예배하거나 하나님 한 분 외에는 다른 무엇도 섬기지 않는다는 것을 보여 주는 것이 성막이기 때문이다.

"야곱아 너를 창조하신 여호와께서 지금 말씀하시느니라 이스라엘아 너를 지으신 이가 말씀하시느니라 너는 두려워하지 말라 내가 너를 구속하였고 내가 너를 지명하여 불렀나니 너는 내 것이라"(사 43:1).

우리 삶의 주제는 바라봄이다. 바라봄의 대상은 유일하신 하나님 한 분이시다. 무엇을 바라보느냐가 삶의 미래를 결정한다. 단기간의 바라봄이 아니라 지속적으로 바라보아야 한다. 이것도 훈련이 필요하다. 그래서 '날마다'는 너무 값진 말이다. 광야에서는 날마다 구름 기둥과 불기둥을 바라보았다. 날마다 만나를 내려 주시는 하늘을 바라보았다. 날마다 성막을 바라보았다.

그럼에도 불구하고 수없이 많은 기적을 경험했던 출애굽 1세대는 가나안을 목전에 두고 광야에서 생을 마감했다. 우리는 어떠한가? 우리는 보고 듣고 즐기기에 너무나 흥미로운 것들이 차고 넘치는 시대의 한복판에 서 있다. 구별된 사람으로서 하나님을 바라보며 그분과 동행하는 것은 결코 쉬운 일이 아니다. 어떤 일이든 저절로 몸에 배는 경우는 없다. 거룩한 습관을 갖는다는 것은 더욱 그렇다. 나는 날마다 무엇을 바라보며 따라가고 있는가?

17. 지루함의 원리
- 은혜의 지루함

"이는 내 생각이 너희의 생각과 다르며 내 길은 너희의 길과 다름이니라 여호와의 말씀이니라"(사 55:8).

🌀 응답받았는데 실패하는 문제

주변에서 응답받았다고 말하는 사람들을 많이 보았을 것이다. 그들은 말씀 묵상, 설교, 기도, 주변 사람 및 환경 등을 통해서 다양한 방법으로 응답을 받고 하나님이 허락하셨다고 확신한다. 실제로 우리는 학업을 선택하는 문제에서부터 직장 문제, 결혼 문제, 사역 문제 등 삶의 모든 영역에서 하나님이 기뻐하시는 뜻을 따르기 위해 구하고, 부르짖는다. 그러다가 응답받으면 얼마나 감사하고 감격하게 되는지 모른다. 그런데 그렇게 응답받고 실행한 일들이 우리를 당황하게 하는 경우가 얼마나 많은가. 과연 무엇이 문제인가? 성경에는 즉각적인 응답을 받는 사건들이 많이 등장한다. 하나님은 지금도 살아서 역사하신다는데 왜 우리는 성경에 있는 이야기처럼 응답받는 삶이 순조롭지 않고 자꾸만 가다가 멈추어 서는 일들이 반복되는 것일까?

응답에는 두 가지가 있다

우리는 하나님의 지혜와 지식의 깊이와 그 풍성함을 헤아리지 못하며 그의 길을 완벽하게 찾을 수는 없다(롬 11:33). 그렇지만 성경을 읽다 보면 하나님이 사람을 다룰 때 두 가지 응답의 방법을 병행하고 계심을 볼 수 있다. 그런데 그 응답을 한 가지로 오해하거나 착각함으로 인해 우리는 너무나도 성급한 실수를 반복하게 된다(단, 하나님의 모든 인도하심을 이것으로 모두 적용하려 하면 또 다른 오해와 실수가 있을 수 있음을 주의해야 한다). 그 대표적인 예가 아브라함의 이야기이다. 아브라함은 75세에 여호와의 말씀을 따라 하란을 떠났다. 마침내 가나안에 이르렀을 때 하나님은 그 땅을 아브라함의 자손에게 주겠다고 말씀하셨다.

> "여호와께서 아브람에게 나타나 이르시되 내가 이 땅을 네 자손에게 주리라 하신지라"(창 12:7).

이것은 하나님의 약속이고 응답이었다. 그러나 아브라함이 이삭을 얻은 것은 100세가 되어서였다. 지루한 기다림이 계속되는 25년 사이에 아브라함은 하나님의 약속이 이루어지게 하려고 다양한 방법을 시도했다.

"나의 상속자는 이 다메섹 사람 엘리에셀이니이다"(창 15:2).

아브라함은 자신의 종을 자손으로 계획했다. 하지만 하나님은 그가 아니라 아브라함의 몸에서 날 자가 있다고 다시 한 번 말씀하셨다.

"여호와의 말씀이 그에게 임하여 이르시되 그 사람이 네 상속자가 아니라 네 몸에서 날 자가 네 상속자가 되리라 하시고"(창 15:4).

이번에는 사라가 아브라함이 여종에게서 자녀를 얻게 하려고 계획했다.

"여호와께서 내 출산을 허락하지 아니하셨으니 원하건대 내 여종에게 들어가라 내가 혹 그로 말미암아 자녀를 얻을까 하노라 하매 아브람이 사래의 말을 들으니라"(창 16:2).

하지만 하나님은 아니라고 말씀하시며 또다시 정확하게 응답하셨다.

"사래라 하지 말고 사라라 하라 내가 그에게 복을 주어 그가 네게 아들을 낳아 주게 하며 내가 그에게 복을 주어 그를 여러 민족의 어머니가 되게 하리니 민족의 여러 왕이 그에게서 나리라"(창 17:15-16).

다른 사람이 아니고 '사라'라고 말씀하셨다. 구체적으로 사라를 지명하셨다. 하지만 당시 그들의 상황은 불가능해 보였다.

"아브라함과 사라는 나이가 많아 늙었고 사라에게는 여성의 생리가 끊어졌는

지라"(창 18:11).

　그러나 하나님은 결국 그들을 통해 이삭이 태어나게 하심으로 당신의 약

속을 이루셨다. 하나님의 응답에는 약속의 응답과 성취의 응답이 있다. 응

답하셨다고 바로 이루어지는 것이 아니라, 그것이 이루어지기까지 시간이

필요하다. 아브라함도 하나님이 약속하신 응답이 성취되기까지의 긴 시간

이 있었고, 때가 이르렀을 때 비로소 응답이 완성되었다. '네 자손에게 주리

라'고 말씀하신 때와 이삭이 태어난 때는 분명히 달랐다.

✺　약속의 응답과 성취의 응답 사이

약속의 응답과 성취의 응답 사이에는 시간이 필요하다. 약속의 응답을 붙

잡고 행동한 아브라함의 행동은 모두 성급했다. 지금 응답을 받았다고 믿

고 행동하지만 실수가 계속 반복되는 이유가 여기에 있다. 약속의 응답

과 성취의 응답 사이에는 분명한 간격이 있는데 나는 그것을 '은혜의 지루

함'이라고 말한다. 지루함의 과정은 하나님이 당신의 백성을 다루어 가시

는 과정이다. 지루함의 과정은 하나님이 하나님 되심을 가장 잘 드러내실

때까지 기다리는 과정이다. 지루함의 과정은 사람의 방법과 하나님의 인

도하시는 방법이 다름을 깨닫고 철저하게 자신의 방법을 내려놓는 과정

이다.

　이 과정은 사람을 다루어 가시는 하나님의 원리 중에 가장 특별하다. 조

급함을 내려놓게 하시는 하나님의 탁월한 방법이다. 인간의 얕은꾀로 계산하는 방법을 포기하게 만드시는 하나님의 지혜. 지루함의 과정은 다른 방법과 길을 숨겨 놓았던 우리의 속마음이 낱낱이 드러나는 시간이다.

📖 성경 속 은혜의 지루함

다윗이 왕으로 기름 부음 받은 때를 한번 생각해 보자. 그는 전쟁에도 나가지 못하는 어린아이였고 형제 중에 막내였다. 그런 그가 사무엘 앞에 부름을 받지도 못할 만큼 하찮게 여겨지던 어린 양치기 시절에 왕으로 기름 부음을 받았다. 그러나 그 이후 그가 왕으로 세움 받은 때를 30세라 한다면 이스라엘의 왕으로 세움을 받을 때까지 다윗에게도 지루함의 긴 시간이 있었다. 즉 약속의 응답과 성취의 응답 사이에 기다리는 시간이 있었다.

응답받았다고 모든 것이 바로 성취되는 것은 아니다. 기름 부음 받은 다윗을 하나님은 은혜의 지루함이라는 기간 동안 계속해서 다듬고 훈련시키셨다. 그리고 감당할 때가 되었다고 생각될 때 하나님은 약속을 성취하셨다. 이 지루함의 과정을 결코 가볍게 여기거나 무시해서는 안 된다. 하나님은 우리의 지루함 속에서 끊임없이 당신의 일을 하고 계신다.

바울을 생각해 보자. 사도행전 9장에서 바울은 다메섹으로 가는 중에 예수님을 만난다. 그냥 만나기만 한 것이 아니라 아나니아를 통해 하나님의 뜻과 계획을 깨닫게 된다. 그러나 주님을 만난 후 그의 열심은 계속해서 인정받지 못하고 벽을 만나게 된다. 결국 바울은 고향인 다소로 돌아가 조용한 시간을 가져야만 했다.

우리는 성경을 통해 모든 과정을 이미 다 알고 있지만, 그 당시 바울은 얼마나 답답했을까? 예수님이 분명한 이유와 목적을 알려 주셨는데 자신은 지금 아무것도 못 하고 고향에 돌아와 있으니 말이다. 그러나 약속의 응답과 성취의 응답이라는 방법으로 생각해 보면 아주 쉽게 이해할 수 있다. 하나님은 약속하셨지만, 그분은 그 일이 이루어질 때까지 바울을 다루는 은혜의 지루함의 과정을 진행하고 계셨다. 성취의 응답의 때는 어느 누구도 알 수 없다. 오직 하나님만이 당신의 시간에 따라 진행하고 이루신다.

사도행전 11장에서 9장 이후에 사라졌던 바울이 다시 등장하는 것을 본다. 약속하신 것을 진행하고 성취하시는 하나님의 역사가 시작되는 순간이다.

"바나바가 사울을 찾으러 다소에 가서 만나매 안디옥에 데리고 와서 둘이 교회에 일 년간 모여 있어 큰 무리를 가르쳤고 제자들이 안디옥에서 비로소 그리스도인이라 일컬음을 받게 되었더라 … 제자들이 각각 그 힘대로 유대에 사는 형제들에게 부조를 보내기로 작정하고 이를 실행하여 바나바와 사울의 손으로 장로들에게 보내니라"(행 11:25-30).

얼마 후 하나님의 계획된 시간표에 따라 안디옥에서 세움을 받은 바울은 주님의 명령을 따라 살아가는 성취의 응답을 이루며 나아가게 된다.

하나님의 인도하심은 우리가 생각하는 것처럼 빠르고 급하게 모든 것들이 일사천리로 진행되는 경우는 거의 없다. 그것은 우리의 바람이고 기대다. 하나님은 결코 급하시지 않다. 하나님은 당신의 일을 성급하게 진행하지 않으신다. 하나님의 원리는 생각보다 길고 지루하다. 그러나 하나님이 이루시는 성취의 응답은 분명하고 정확하다. 그기에 하나님의 원리를 따라 살아가야 하는 우리는 하나님과 동행하는 믿음의 걸음에서(동행의 원리) '다름'이라는 옷을 입고(다름의 원리) 하나님을 바라보며(바라봄의 원리) 세상은 이해할 수 없는 지루한 방법을 따라(지루함의 원리) 날마다 계속해서 나아가야 한다.

'날마다'는 특별한 프로그램이 아닙니다

이정아 집사

하나님은 '날마다'를 통해 많은 훈련의 기회들을 허락하셨습니다. 우선은 무엇인가를 꾸준히 할 수 있는 훈련을 받게 하셨는데, '날마다' 덕분에 1년에 한 번씩은 성경을 통독할 수 있게 되었습니다. 또한 말씀으로 기도하는 훈련을 통해 하나님의 이름을 정확히 알아 가게 되었는데, 이것은 '날마다'를 하면서 쌓인 말씀을 통해 자연스럽게 얻어진 값진 선물입니다. 그러다 보니 요즘은 말씀을 읽는 것이 정말 재미있고 흥미롭기까지 합니다. 말씀을 통해 알려 주시는 선한 길을 따라 살아가는 것 그리고 그 열매를 맛보는 즐거움으로 주를 섬기는 모든 일이 감사할 뿐입니다. 어릴 적부터 교회에 다니며 열심히 봉사하는 등 신앙생활을 잘하고 있다고 생각했는데 50대에 접어들어서야 비로소 말씀에 대한 철이 들고 있는 것 같습니다. 그래서인지 한편으로는 좀 "더 젊은 시절에 '날마다'를 시작했더라면" 하는 아쉬움과 후회가 남기도 합니다.

'날마다'는 특별한 프로그램이 아닙니다. 그리스도인으로서 하나님을 알아 가기 위한 하나의 과정이며 저의 삶을 살아가기 위해 가져야 할 소중한 힘입니다. 때로는 힘들고 지치고 앞이 잘 보이지 않는 것 같아 답답해도, 꾸준히 말씀을 붙들고 살다 보니 어느새 많은 영적인 근육들이 생겨서 이제는 어떤 고난과 역경이 와도 크게 당황하지 않을 수 있을 것 같습니다. '날마다'의 습관을 통해 생활 속 은밀한 것까지도 간섭하시고, 바른길을 선택하도록 섬세하게 인도하시는 하나님에게 감사와 영광을 돌립니다.

1. 하나님이 당신의 백성을 위해 허락하신 '특별 원리'(영적인 원리)는 무엇인 가요?

2. 그리스도인으로서 세상 사람들과 다른 점, 곧 그들과 확연히 구별되는 삶 의 모습이 있다면 무엇인지 나누어 봅시다.

3. 하루 24시간 중 당신이 가장 많은 시간을 들여 바라보는 것은 무엇인 가요?

∞ 그룹 미션

누군가와 1년간 매 순간을 함께해야 한다고 생각해 봅시다. 이때 함께함의 유 익은 무엇이며, 함께하기 위해 포기해야 하는 것이 있다면 무엇인지 나누어 봅시다.

∞ 개인 미션

하루를 정해서 TV, 유튜브 등 영상 매체를 보지 않고 생활해 봅시다.

5부

'날마다'로 보는
성경 인물 이야기

18. 다니엘
- 다르게 사는 비밀

"다니엘이 이 조서에 왕의 도장이 찍힌 것을 알고도 자기 집에 돌아가서는 윗방에 올라가 예루살렘으로 향한 창문을 열고 전에 하던 대로 하루 세 번씩 무릎을 꿇고 기도하며 그의 하나님께 감사하였더라"(단 6:10).

후천적 DNA

수년 전에 한 기업이 만든 광고 내용 중 기억나는 것이 있다. 야구 선수 김광현 씨를 모델로 만든 광고였다. 한 어린 선수가 공을 던지는 모습이 점점 성장하면서 현재 김광현 선수의 모습으로 바뀌는 사이 김광현 선수는 이렇게 말한다. "이 폼을 완성하기까지 걸린 시간 20년. 나한테는 폼이란 게 그런 거다. 한순간에 불쑥 잡히는 것이 아니라 내 인생이 압축되어 만들어진 것. 폼! 나의 후천적 DNA. 인생에 내 폼 하나쯤 갖자!" '폼'은 저절로 만들어지지 않는다. 한 야구 선수의 폼이 만들어지는 데 걸린 시간이 20년이라고 한다. 그것이 만들어지기까지는 그만의 특별한 다짐과 결단이 있어야 했을 것이다. 그래서 마음이 흔들리고 그만두고 싶을 때마다 자신과의 약속 또는 결단한 것을 떠올리면서 이를 악물고 다시 공을 던졌을 것이다.

인생은 그냥 이루어지지 않는다. 시간이 지나니까 저절로 그렇게 되었다고 말할 사람은 없다. 살아가면서 삶에 대한 다짐이 있었는가? 그 결단과 약속들을 여전히 붙잡고 살아가는가? 한 번쯤은 스스로에게 질문해 보아야 한다. 그러나 결단과 다짐만으로 삶의 결과를 만들어 낼 수 있는 것도 아니다. 그 다짐, 즉 약속과 결단한 것이 이루어질 때까지 꾸준히 노력하며 나아가는 삶의 걸음이 있어야 한다. 한순간에 불쑥 잡히는 것이 아니라 '폼'을 완성하기까지 걸린 20년의 세월 동안 다짐을 결실로 이루기 위해 몸부림쳐야했던 한 사람의 이야기처럼 말이다. 김광현 선수는 현재 미국 메이저리그에서 돌아와 한국에서 다시 공을 던지고 있다. 지금도 여전히 애를 쓰며 쉽지 않은 길을 꾸준히 걷고 있다.

과분한 은혜

'은혜'라는 말은 '자격 없는 자에게 베풀어 주신 선물'이라는 의미로 이해할 수 있다. 또한 '값없이 주시는 은혜'라는 말로 표현되기도 한다. 그러나 '은혜'는 표현되는 말처럼 가볍거나 쉬운 것이 아니다. 값없이 주어졌다고 해서 은혜를 하찮게 여기거나 공짜 선물 같은 싸구려처럼 생각해서는 안 된다.

사람들은 종종 은혜를 베풀어진 '선물'에 초점을 두고 생각하는 경향이 있다. 그러나 은혜의 초점을 '자격'에 두고 생각해 보면 의미가 많이 달라진다. '자격 없음'에 대한 생각 없이 '베풀어 주신 선물'에 대해서만 생각한다면 은혜는 그냥 받기만 하면 될 뿐이다. 그러면 우리에게 주어지는 감동, 깨달음, 부르심에 대해 반응하고 순종하는 일은 그리 중요하지 않게 된다. 다만 은혜만 받고 은혜만 있으면 될 뿐이다. 그렇게 생각하는 사람에게는 은혜로 살아가는 삶의 과정도 의미가 없다. 따라서 은혜로 시작한 삶의 변화와 새로운 삶을 위한 훈련도 필요 없게 된다. 그것은 특별한 사람들에게나 필요한 특별한 일로 여겨지게 될 뿐이다. 그러나 은혜를 받을 자격이 없는 나에게 너무나도 과분하게 주어진 선물이고 축복이라고 생각한다면, 나는 그 은혜가 결단코 당연할 수 없으니 가만히 앉아서 은혜를 받기만 할 수는 없지 않겠는가? 혹시 우리는 너무 쉽게 은혜를 받고, 너무 가볍게 은혜를 던져 버리며, 너무 하찮게 은혜를 대하고 있는 것은 아닌지 스스로를 한번 돌아보아야 할 것이다.

탁월했던 한 사람

다니엘은 달랐다. 그는 우리가 상상할 수 없을 만큼 탁월하고 위대한 삶을 살았다. 그는 삶에 대해 뜻을 정하고자 하는 자들을 위한 본보기가 되었다. 뜻을 정하고 그대로 살아가는 본을 보여 준 다니엘, 이제 그의 이야기를 살펴보자.

바벨론의 왕 느부갓네살은 다니엘을 높여 왕궁에 세우고 바벨론을 다스리게 했다.

"왕이 이에 다니엘을 높여 귀한 선물을 많이 주며 그를 세워 바벨론 온 지방을 다스리게 하며 또 바벨론 모든 지혜자의 어른을 삼았으며 왕이 또 다니엘의 요구대로 사드락과 메삭과 아벳느고를 세워 바벨론 지방의 일을 다스리게 하였고 다니엘은 왕궁에 있었더라"(단 2:48-49).

느부갓네살 왕의 아들인 벨사살은 다니엘을 바벨론의 셋째 통치자로 삼았다.

"이에 벨사살이 명하여 그들이 다니엘에게 자주색 옷을 입히게 하며 금 사슬을 그의 목에 걸어 주고 그를 위하여 조서를 내려 나라의 셋째 통치자로 삼으니라"(단 5:29).

이후 메대 사람 다리오가 왕이 되었을 때도 역시 다니엘을 총리로 세웠으며, 다니엘의 민첩함과 뛰어난 능력으로 전국을 다스리게 하고자 했다.

"다니엘은 마음이 민첩하여 총리들과 고관들 위에 뛰어나므로 왕이 그를 세워 전국을 다스리게 하고자 한지라"(단 6:3).

다니엘은 세 번에 걸쳐 세 왕의 곁에서 나라를 다스릴 수 있을 만큼 탁월한 능력을 소유한 자였다. 무엇보다 바벨론과 페르시아, 두 제국에서 총리로 일할 수 있었다는 것은 매우 놀라운 일이 아닐 수 없다.

뜻을 정한 인생

"다니엘은 뜻을 정하여 왕의 음식과 그가 마시는 포도주로 자기를 더럽히지
아니하리라 하고 자기를 더럽히지 아니하도록 환관장에게 구하니"(단 1:8).

무엇이든지 시작하려면 뜻을 정해야 한다. 결심하고 다짐해야 한다. 그
리고 그대로 살아야 한다. 그 삶이 고될지라도 견디고 이겨 내면 삶은 힘을
얻게 된다. 인생의 뜻을 정한 다니엘에게는 그렇게 견뎌 내면서 삶의 힘을
얻게 하는 방법이 있었다. 그것은 '날마다'라는 삶의 방법이다. '날마다'는 뜻
을 정한 인생을 실제적으로 보여 주는 가장 중요한 핵심 단어다.

전에 하던 대로 하루 세 번씩

다리오 왕 때에 총리로 나라를 다스리고 있던 다니엘을 쓰러뜨리려는 다른
총리와 고관들은 다니엘을 고발할 근거를 찾고 있었다. 그리고 덫을 만들
고 기다렸다. 그러나 다니엘은 여전히 한결같은 삶의 방식을 고수했다.

"다니엘이 이 조서에 왕의 도장이 찍힌 것을 알고도 자기 집에 돌아가서는 윗
방에 올라가 예루살렘으로 향한 창문을 열고 전에 하던 대로 하루 세 번씩 무
릎을 꿇고 기도하며 그의 하나님께 감사하였더라"(단 6:10).

사람들은 위기를 만나면 지금까지 배운 대로, 정해진 방식대로 하는 것

이 아니라 자신의 몸에 익숙해져 있는 대로 움직이게 된다. 많은 신앙인이 위기의 순간에 어떻게 해야 하는지를 알고 있지만 기도의 자리로 나아가지 못하는 것은 바로 이런 이유에서다. 롯의 아내가 수없이 많은 하나님의 인도하심을 보고, 느끼고, 깨달았지만 늘 세상 속에 푹 빠져 살아가던 삶의 방식대로 뒤돌아보는 것과 마찬가지다. 그런데 기도하면 사자 굴에 던져 넣는다는 조서의 소식을 듣고도 다니엘이 '전에 하던 대로' 기도한 것은 그의 삶이 뜻을 정하는 결심으로 끝나는 것이 아니라, 그 결심이 삶으로 탄탄하게 이루어져 있음을 보여 준다. 사람은 '날마다 보고 듣는 것'으로 삶을 만들어 간다고 말했듯이, 다니엘은 자신의 삶에 이유와 목적을 정하고 그렇게 계속해서 살아가는 걸음을 멈추지 않았다. 그렇게 그것이 삶이 되었고, '날마다'의 방식이 되었다.

피터 스카지로(Peter Scazzero)의 《정서적으로 건강한 영성》(두란노 역간)이라는 책의 하루 묵상 중에 이런 글이 있다.

"다니엘은 바벨론의 가공할 힘에 어떻게 저항했는가? 그는 과중한 업무를 가졌고 많은 사람들의 지시를 받았다. 그를 지원해 주는 시스템은 거의 없었고 매일 할 일이 넘쳤다. 그러나 다니엘이 가진 것이 있었으니 그것은 계획과 삶의 규칙이었다."

은혜는 거저 주어지는 선물이지만 은혜의 삶은 날마다 만들어 가는 습관이요, 후천적 DNA다. 이제 우리 신앙생활에도 후천적 '날마다'의 걸음이 삶의 익숙한 한 부분이 되어야 하지 않겠는가?

19. 솔로몬
- 잃어버린 겸손

"솔로몬의 나이가 많을 때에 그의 여인들이 그의 마음을 돌려 다른 신들을 따르게 하였으므로 왕의 마음이 그의 아버지 다윗의 마음과 같지 아니하여 그의 하나님 여호와 앞에 온전하지 못하였으니"(왕상 11:4).

왜 그랬을까

우리는 솔로몬을 하나님에게 단번에 일천 번제를 드리고 백성을 잘 다스릴 수 있는 지혜를 구했던 사람으로 알고 있다. 솔로몬은 아버지 다윗의 믿음을 좇았으며 하나님의 마음에 드는 겸손함을 가진 자였다.

"솔로몬이 여호와를 사랑하고 그의 아버지 다윗의 법도를 행하였으나"(왕상 3:3).

"하나님이 이르시되 내가 네게 무엇을 줄꼬 너는 구하라"(왕상 3:5).

"솔로몬이 이것을 구하매 그 말씀이 주의 마음에 든지라"(왕상 3:10).

하나님은 오로지 지혜만을 구하는 솔로몬에게 세상의 그 어떤 왕보다 더 많은 재산과 지혜를 주셨다. 온 세상 사람들이 솔로몬의 지혜를 듣고 그의 얼굴을 보기 위해 예물을 들고 줄지어 찾아올 정도로 축복을 받았다. 하지만 열왕기상 11장에는 솔로몬의 다른 이야기들이 기록되어 있다.

"솔로몬 왕이 바로의 딸 외에 이방의 많은 여인을 사랑하였으니"(1절).

"왕은 후궁이 칠백 명이요 첩이 삼백 명이라 그의 여인들이 왕의 마음을 돌아서게 하였더라"(3절).

"솔로몬의 나이가 많을 때에 그의 여인들이 그의 마음을 돌려 다른 신들을 따르게 하였으므로 왕의 마음이 그의 아버지 다윗의 마음과 같지 아니하여 그의 하나님 여호와 앞에 온전하지 못하였으니"(4절).

"솔로몬이 여호와의 눈앞에서 악을 행하여 그의 아버지 다윗이 여호와를 온전히 따름같이 따르지 아니하고"(6절).

"솔로몬이 마음을 돌려 이스라엘의 하나님 여호와를 떠나므로"(9절).

말씀을 따라가다 보면 솔로몬의 마음이 어디로 향하고 있는지를 알 수 있다. 한 번의 고백으로 신앙이 다 완성되는 것이 아니듯, 한 번 잘했다고 끝까지 다 잘하게 되는 것은 아니다. 솔로몬의 이야기는 시작은 좋았지만 끝까지 좋은 모습을 남기지 못한 참으로 안타까운 결말이 아닐 수 없다. 그런데 그의 삶은 왜 그렇게 무너지게 되었을까? 나는 '날마다'의 방법으로 솔로몬의 이야기를 좀 더 살펴보았다.

✺ '날마다 효과'의 나쁜 예

솔로몬의 마음이 돌아서는 장면이 묘사된 성경 구절들 속에 유독 눈에 띄는 부분이 있다.

> "솔로몬의 나이가 많을 때에 그의 여인들이 그의 마음을 돌려 다른 신들을 따르게 하였으므로"(왕상 11:4).

솔로몬의 이야기 중에 이 구절에서만 '때'를 말하고 있다. 즉 솔로몬의 나이가 많을 때'를 이야기한다. 이것은 솔로몬의 마음이 하루아침에 돌아선 것이 아니라 오랜 시간이 걸렸음을 의미하는 단어다.

삶에서 어떤 일을 단번에 해결하려 하는 것은 그리 바람직하지 못한 경우가 많다. 삶은 쌓여 온 시간과 과정 그리고 길고 긴 여정의 반복으로 이루어진다. 그 속에서 서서히 닮아 가기도 하고, 조금씩 변해 가기도 한다. 솔로몬의 마음이 돌아서게 된 것도 마찬가지다. 사람들의 이야기를 '날마다' 반복해서 듣고, 그 사람들을 또 반복해서 만나면서 그의 삶은 예상하지 못한 쪽으로 익숙해지고, 닮아 가고, 젖어들게 되었을 것이다. 그렇게 오랜 시간이 지난 후 나이가 많이 들게 된 어느 날, 드디어 그는 '날마다 효과'의 나쁜 쪽으로 쓰러지게 되었다.

✻ 3년이 계속 반복되면

솔로몬은 후궁이 700명이고 첩이 300명이라고 했으니 그 숫자를 합치면 1천 명이다. 이 여인들이 솔로몬의 마음을 돌아서게 했다고 했으니 이런 가정을 한번 해 보자. 하루에 한 여인씩 1천 명을 만나려면 약 3년 정도의 시간이 필요하다. 솔로몬은 날마다 여인들을 만나고 그들의 이야기를 듣는다. 무려 3년 동안이나 그렇게 한다. 그리고 그 3년이 계속해서 반복된다. 그런데 이 여인들이 누구인가?

> "솔로몬 왕이 바로의 딸 외에 이방의 많은 여인을 사랑하였으니 곧 모압과 암몬과 에돔과 시돈과 헷 여인이라"(왕상 11:1).

솔로몬이 하나님을 3년 만에 떠났을까? 아니다. 3년이 몇 번을 반복해서 다가오고 또 다가왔다. 하지만 그는 거절하거나 끊어 버리지 않았다. 그는 그것을 받아들였고, 그것에 순응하기 시작했다. 시간이 갈수록 '그럴 수도 있지'라고 생각하며 타협하게 됐을 것이다. 그리고 어느 날이 왔다. 즉 나이가 많이 들어 마음도 생각도 약해졌을 때, 그는 그동안 계속 만나고 보고 듣던 사랑하는 여인들의 이야기를 따르게 되었다.

솔로몬의 처음은 '겸손함'이었다. '듣는 마음'을 구하는 진실한 태도를 지녔고, 일천 번제를 드리는 예배자였으며, 성전을 짓는 열정을 가진 하나님의 사랑이요, 기쁨이었다. 그런데 시간이 갈수록 솔로몬은 영적인 원리에서 점점 멀어지는 행동을 취했다. 동행하는 삶, 다름과 구별됨, 바라봄, 지루함의 과정을 '날마다 보고 들음'으로 다룸 받아야 했는데 솔로몬은 그렇게 하지 않았다. 그는 하나님과 동행하는 대신 날마다 이방 여인과 동행했다. 그는 세상과 다른 삶을 버리고 세상을 닮아 가는 일에 시간을 쏟았다. 그는 날마다 눈을 들어 하나님이 아니라 여인들을 바라보는 것에 집중했다. 그는 겸손을 유지하기 위한 자신과의 지루한 영적 싸움에 도전하지 않았다. 그는 날마다 눈에 보이는 즐거움과 향락으로 시간을 보내며 삶을 소진했다.

◎ '날마다'로 사는 것과 '그냥' 사는 것

날마다 보고 듣는 것은 우리의 '삶'을 형성한다. 우리는 보고 듣는 것으로 서로 영향을 주고받으며 자신을 정립시키거나 누군가를 세워 준다. 그것은 삶을 의미 있게 하고, 보람을 느끼게 하며, 어떤 가치를 형성하게 하기도 한다. 하지만 그냥 사는 것은 다르다. 그냥 사는 것은 자신이 받아들이는 것에 대해 어떤 구별도 하지 않고 생각 없는 태도로 이끌려 가는 것이다.

솔로몬의 '날마다'는 그의 삶이 날마다 하나님을 바라보고 따르려던 시절의 모습과 많은 여인의 유혹에 자신을 그냥 맡겨 버렸던 시절의 모습으로 나누어 볼 수 있다. 시작할 때의 겸손함을 끝까지 잃지 않을 수 있었더라면 얼마나 좋았을까. 결국 솔로몬은 자신의 인생을 돌아보면서 그의 생애의 마지막 고백을 통해 우리에게 말한다. 우리는 과연 어떻게 살아야 할 것인지, 귀 기울여 그의 고백을 들어야 할 것이다.

"일의 결국을 다 들었으니 하나님을 경외하고 그의 명령들을 지킬지어다 이것
이 모든 사람의 본분이니라 하나님은 모든 행위와 모든 은밀한 일을 선악 간
에 심판하시리라"(전 12:13-14).

20. 요셉, 삼손
- 날마다 유혹이 다가올 때

"여인이 날마다 요셉에게 청하였으나 요셉이 듣지 아니하여 동침하지 아니할 뿐더러 함께 있지도 아니하니라"(창 39:10).

"날마다 그 말로 그를 재촉하여 조르매 삼손의 마음이 번뇌하여 죽을 지경이라"(삿 16:16).

성경을 '날마다'의 눈으로 보기 시작하니 '날마다'라는 표현이 성경 안에도 이미 많이 사용되고 있음을 발견하게 된다. 물론 '날마다'라는 의미는 다양한 단어들로 표현된다. 성경에 소개된 '날마다'의 이야기 중에서 긍정적인 면과 부정적인 면을 상대적으로 잘 드러내 주고 있는 인물을 소개해 보려 한다. 요셉과 삼손이다. 그들은 '날마다'와 연관되어 등장한다. 한 사람은 '날마다'의 부정적인 상황을 지혜롭게 이겨 냄으로 한 부족과 애굽 그리고 주변 국가들을 살리는 역할을 했다. 그러나 다른 한 사람은 '날마다'의 부정적인 상황을 견뎌 내지 못하고 쓰러짐으로 자신의 삶과 그가 속한 지파 그리고 하나님의 기쁨이 되지 못하는 삶을 살았다.

요셉의 힘

창세기에서 하와에게 다가가 속삭였던 뱀의 유혹은 오늘 우리에게도 여전히 찾아온다.

"하나님이 참으로 너희에게 동산 모든 나무의 열매를 먹지 말라 하시더냐"(창 3:1).

"너희가 그것을 먹는 날에는 너희 눈이 밝아져 하나님과 같이 되어 선악을 알 줄 하나님이 아심이니라"(창 3:5).

처음 사람 아담과 하와는 그들을 유혹하는 뱀에게 제대로 된 답을 전하지 못했다. 그러나 창세기의 마지막 사람인 요셉은 아담과 하와를 대신해서 뱀에게 깔끔하고 명쾌하게 답함으로 창세기의 잘못된 시작을 아름답게 마무리해 주었다.

"이 집에는 나보다 큰 이가 없으며 주인이 아무것도 내게 금하지 아니하였어도 금한 것은 당신뿐이니 당신은 그의 아내임이라 그런즉 내가 어찌 이 큰 악을 행하여 하나님께 죄를 지으리이까"(창 39:9).

보디발의 아내는 요셉에게 눈짓하며 동침하기를 청했다(창 39:7). 얼마나 집요했던지, 성경은 날마다 청했다고 기록하고 있다(창 39:10). 하지만 요셉은 붙잡힌 옷을 남겨둔 채 집 밖으로 뛰쳐나갔다(창 39:12). 쉽지 않은 일이다. 한 번만 눈감으면 노예로서의 인생이 좀 더 편안해질 수 있었을지 모른다. 하지만 요셉은 온전하지 않은 것, 바르지 않은 것, 시험에 들게 할 만한 것, 자신을 유혹할 수 있는 것을 보거나 듣지 않기 위해 적극적인 행동을 취했다. 요셉이 가진 힘은 견딜 수 없을 때, 이겨 낼 수 없게 되었을 때 그 자리를 피하는 것이었다. 그것으로 인해 감당해야 할 엄청난 후폭풍을 각오하면서 말이다.

우리에게도 세상의 속삭임은 날마다 끊임없이 다가온다. 그것이 우리의 삶이다. 그렇다고 세상을 떠나서 살 수는 없다. 안전을 추구하며 교회 안에서만 살아갈 수도 없다. 그럴 때 요셉의 행동은 우리가 어떤 삶을 살아야 하는지를 분명하게 보여 준다. 날마다 다가오는 부정적인 환경들, 속삭이는 사람들, 감당하기 어려운 다양한 사건들 속에서 이길 수 없을 땐 피할 수 있는 용기를 가지라는 것이다. 요셉이 그러한 용기를 가질 수 있었던 것은 그가 하나님을 경외하며 날마다 그분을 의식하고 살았기 때문이다. 형통할 때만이 아니라 앞이 보이지 않는 절망의 순간에도 '하나님이 요셉과 함께하셨다'(창 39:2-3)는 성경의 말씀은 요셉 역시 그 하나님을 늘 의식하며 사는 자였음을 알게 한다. 그랬기에 유혹이 다가올 때마다 요셉은 하나님이 기뻐하시지 않는 일에 대한 분명한 기준을 가지고 용기를 낼 수 있었다.

우리는 어떤가? 일상 속에서 시시각각 다가오는 유혹의 순간에 우리는 어떤 기준으로 행동하는가? 하나님의 말씀은 우리 삶의 모든 기준이 됨을 기억하자.

✐ 삼손의 실수

사사기에도 이와 비슷한 이야기가 등장한다. 블레셋 사람의 방백들은 들릴라에게 삼손을 꾀어서 무엇으로 말미암아 그 큰 힘이 생기는지 알아낼 것을 주문했다. 그리하면 각각 은 천백 개씩을 주겠다고 약속했다. 들릴라는 여러 차례 시도해 보았지만 성공하지 못하자 삼손에게 사정하며 재촉했다.

> "들릴라가 삼손에게 이르되 당신의 마음이 내게 있지 아니하면서 당신이 어찌 나를 사랑한다 하느냐 당신이 이로써 세 번이나 나를 희롱하고 당신의 큰 힘이 무엇으로 말미암아 생기는지를 내게 말하지 아니하였도다 하며 날마다 그 말로 그를 재촉하여 조르매 삼손의 마음이 번뇌하여 죽을 지경이라"(삿 16:15-16).

앞서 이미 말했듯이 롯의 마음이 상했던 것은 날마다 보고 듣는 불법한 행실에 대해 자신을 그냥 내버려 두었기 때문이다.

> "이는 이 의인이 그들 중에 거하여 날마다 저 불법한 행실을 보고 들음으로 그 의로운 심령이 상함이라"(벧후 2:8).

그런데 삼손은 더 심각한 상황이다. 들릴라가 날마다 비밀을 가르쳐 달라고 끈질기게 재촉하고 졸라 대자 그의 마음은 괴로워서 죽을 지경이 되었다. 삼손이 그렇게 된 것은 적으로부터 고통을 당하거나 고문을 받거나 예기치 못한 어려운 환경에 닥쳐 있기 때문이 아니라, 한 여인이 날마다 끊임없이 졸라 대는 상황에 자신을 그냥 내어 주고 있었기 때문이다.

삼손은 결국 견디다 못해 자신이 태어날 때부터 나실인임과 그 힘의 근원에 대해 말해 주고 말았다(삿 16:17). 그리고 그것이 삼손을 무너지게 했다. 들릴라는 블레셋 사람들을 불러 힘의 근원인 삼손의 머리털을 밀었고, 삼손은 두 눈이 뽑히는 비참한 모습으로 사로잡히게 되었다(삿 16:21). 온전하지 못한 일에 날마다 자신을 노출하다가 자신도 모르는 사이에 하나님의 영이 떠나게 된 것을 삼손은 전혀 알지 못했다(삿 16:20).

비록 의도하지 않은 일일지라도 불의한 의도로 다가오는 수많은 유혹의 손길에 대해 하나님의 사람으로서의 단호함을 갖지 못한다면 결국 넘어지게 된다. 하나님이 주신 소중한 것, 특히 하나님의 자녀로서 맺어진 하나님과의 언약으로부터 우리를 자꾸 멀어지게 만들고자 하는 사탄의 유혹에 우리는 어떻게 대비할 것인가? 세상을 사랑해서 그 즐거움에 익숙해지고 방심하게 되는 순간 다가올 수 있는 유혹에 대해 우리는 자신의 삶을 미리 점검해 보아야 할 것이다.

유혹은 항상 있기 마련이다. 우리의 내면으로부터 오는 유혹도 있고, 외부로부터 다가오는 유혹도 있다. 그런데 어떤 사람은 유혹에 대해 당당히 맞서 이기고, 어떤 사람은 그것이 유혹인지도 모른 채 자신의 영혼을 내어 준다. 무슨 차이가 그런 결과를 초래하는가? 이해할 수 없는 불행한 상황 속에서도 항상 하나님 앞에서 하나님을 의식하며 하나님의 함께하심을 누렸던 요셉 그리고 하나님의 약속된 자로 태어났으나 자신의 욕망을 좇아 즐기며 하나님에게 드려진 자로서의 본분을 망각하고 있다가 자신에게서 하나님이 떠나시는 것조차 알지 못했던 삼손. 이 두 사람에게서 유혹을 이기는 지혜를 본다.

21. 열두 명의 정탐꾼
- 어떻게 볼 것인가

"그들은 우리의 먹이라 그들의 보호자는 그들에게서 떠났고 여호와는 우리와 함께하시느니라"(민 14:9).

정탐꾼들의 공통점

사람은 무엇에서든 영향을 받으며 살기 마련이다. 그중에 가장 먼저는 '보는 것'으로부터 영향을 받게 된다. 그리고 그 영향력은 결코 작다고 말할 수 없다. 하지만 보는 것이 전부는 아니다. 단순히 보는 것보다 '어떻게 볼 것인가, 어떤 시각으로 볼 것인가' 하는 것이 더 중요하다. 사람의 보는 관점에 따라 모든 상황은 확연하게 달라진다.

민수기 13장과 14장에 이 부분을 잘 드러내 주는 대표적인 이야기가 기록되어 있다. 바로 열두 명의 정탐꾼 이야기다. 그들은 가나안 땅을 정탐하기 위해 각 지파에서 선발된 이들이었다.

모세는 열두 명의 정탐꾼에게 같은 명령을 내렸다. 그 땅이 어떠한지를 정탐하라고 했다. 곧 그 땅 거민이 강한지 약한지, 많은지 적은지와 그들이 사는 땅이 좋은지 나쁜지와 사는 성읍이 진영인지 산성인지와 토지가 비옥한지 메마른지, 나무가 있는지 없는지를 탐지하고 그 땅의 실과를 가져오라고 지시했다(민 13:17-20). 그렇게 그들은 40일간의 정탐을 마치고 돌아왔다. 그들은 같은 시간을 함께 보냈고, 같은 장소를 지켜보았다. 그리고 같은 열매를 가지고 돌아왔다.

✎ 다른 시각, 다른 믿음

그러나 그들은 정탐에 대한 보고를 하는 과정에서 매우 큰 차이를 나타냈다. 열두 명이 같은 기간 동안 같은 장소를 같은 지시에 따라 살펴보고 돌아왔는데 각각 다른 보고를 한 것이다. 사람마다 보는 시각이 달랐다. 단순히 보는 것보다 어떤 시각으로 보는지가 그 결과를 다르게 한다. 그것은 '무엇을 보는가'보다 '어떻게 보는가'의 문제다.

> "거기서 네피림 후손인 아낙 자손의 거인들을 보았나니 우리는 스스로 보기에도 메뚜기 같으니 그들이 보기에도 그와 같았을 것이니라"(민 13:33).

이들은 자신과 그들을 눈에 보이는 크기로 비교하며 평가하는 시각으로 보았다. 자기 생각으로 그들을 바라보았다. 초라한 현실에 보이는 그대로 자신의 나약한 마음을 드러냈다. 메뚜기 같은 자에게 보이는 모든 것은 불가능일 수밖에 없다.

"여호와께서 우리를 기뻐하시면 우리를 그 땅으로 인도하여 들이시고 그 땅을 우리에게 주시리라 이는 과연 젖과 꿀이 흐르는 땅이니라 다만 여호와를 거역하지는 말라 또 그 땅 백성을 두려워하지 말라 그들은 우리의 먹이라 그들의 보호자는 그들에게서 떠났고 여호와는 우리와 함께하시느니라 그들을 두려워하지 말라"(민 14:8-9).

그러나 이렇게 자신에게 말씀하시고 약속하신 하나님의 시각에서 보고 말하는 자들도 있었다. '하나님이 말씀하셨다. 하나님이 명령하셨다. 하나님이 우리에게 약속하셨다. 그러므로 그들은 우리에게 문제가 되지 않는다. 왜냐하면 하나님이 함께하시기 때문이다. 똑같은 것을 보았지만, 하나님의 약속을 붙잡으면 그들은 우리의 먹이가 된다.'

별것 아닌 것 같은데 보는 관점에 따라 이토록 큰 차이가 있음을 본다. 어떻게 똑같은 것을 보았는데 한쪽은 그들을 '거인'으로 보고 한쪽은 그들을 '우리의 먹이'라고 말할 수 있는가? 거인을 먹는 메뚜기를 상상할 수 있는가? 보는 관점에 따라 메뚜기는 거인을 먹잇감으로 볼 수도 있다. 놀랍지 않은가!

바로 여기서 날마다 하나님의 말씀을 보고 들음의 중요함이 드러난다. 그 말씀은 우리에게 보는 것에 대한 온전한 시각을 가지게 한다. 그것이 날마다 하나님의 말씀을 보고 듣는 것을 강조하고 또 강조하는 이유다. 아담과 하와 이후 이 세상은 '자신'이라는 관점으로 비교하고 평가하고 바라보는 시각을 가지고 살아간다. 이때 자기중심으로 생각하는 관점은 모든 것을 볼 때마다 '비교'라는 안경을 쓰고 주어진 상황을 해석하려고 한다. 하지만 하나님의 말씀 없이 자신의 경험, 전통, 지식이라는 시각으로만 모든 상황을 보려 한다면 단순히 보이는 것 이상의 어떤 것도 볼 수 없게 된다. 그러나 하나님의 말씀으로 채워져 준비된 자들은 말씀의 약속을 의지하고 그 말씀으로 접근할 수 있게 된다. 그러므로 하나님의 말씀을 보고 그 말씀으로 세상을 어떻게 볼 것인지를 생각해야 할 것이다.

우리는 우리의 눈으로 보는 모든 것에 대해 너무 관대하다. 보는 것과 보이는 모든 것이 당장에 그 문제점을 드러내지는 않기 때문일 것이다. 그러나 오랜 시간이 지나면 서서히 그동안 보아 온 것들의 누적된 결과가 나타나기 마련이다. 아무런 경계심 없이, 분별없이 보고 듣는 것에 노출해 놓았던 우리의 마음이 곧 '우리'가 되는 것이다. 그러하기에 '무엇을 볼 것인가, 어떻게 볼 것인가'에 대한 좋은 시각과 올바른 관점을 가질 수 있기 위해, 또한 그것을 바르게 해석할 수 있는 능력을 갖추기 위해 날마다 하나님의 말씀을 먹는 것보다 더 좋은 훈련은 없다.

22. 초대 교회 사람들
- 온통 날마다

"날마다 마음을 같이하여 성전에 모이기를 힘쓰고 집에서 떡을 떼며 기쁨과 순전한 마음으로 음식을 먹고 하나님을 찬미하며 또 온 백성에게 칭송을 받으니 주께서 구원받는 사람을 날마다 더하게 하시니라"(행 2:46-47).

초대 교회와 날마다

종종 신앙생활에 문제가 생길 때 가장 먼저 하는 말이 있다. '초대 교회로 돌아가자'는 것이다. 성령을 받고 난 후에 시작된 초대 교회의 모습을 모델로 올바른 신앙생활을 할 수 있기를 소망하는 말이다. 그런데 성령을 받은 초대 교회의 모든 성도가 다 온전하게 변화된 것일까? 사도행전을 자세히 살펴보면 모두가 다 그랬던 것은 아니다. 그 안에도 많은 문제와 사건이 있었다. 초대 교회 성도이기에 신앙이 잘 자라고, 좋아지고, 건강해지는 것은 아니다. 무엇이든지 잘하는 사람의 비결은 꾸준한 훈련에서 비롯된다. '무엇을 했느냐'보다 '얼마나 했느냐'가 그것에 대해 익숙하게 만들어 주는가를 결정하기 때문이다.

🌀 날마다 마음을 같이하여

초대 교회 사람들은 '날마다'에 탁월한 자들이었다. 마음을 같이하여 모이기를 힘쓰고, 떡을 떼고 음식을 먹으며 찬미하는 그들의 모습 속에서 붙잡아야 할 단어는 '날마다'이다. 이러한 일들이 '날마다' 이루어졌다는 사실이 놀라울 뿐이다. 누군가의 강요에 의해 강제로 이루어진 것이 아니라, 스스로 성령에 충만해서 가진 것을 나누며, 함께 먹고, 또 예배하며 찬송하기를 날마다 그렇게 할 수 있었다니 얼마나 기뻤겠는가. 이러한 삶이 지속될 수 있다면 삶에 대한 시각과 관점이 무엇보다도 빠르고 온전하게 만들어질 것이다. 이렇게 성령 안에서 날마다 모여 예배하며 그 말씀대로 순종하려고 애쓰는 사람과 일주일에 한 번 예배하는 사람의 삶의 능력에 차이가 나는 것은 당연한 일이다. 그러니 초대 교회를 부러워만 하고 있을 일은 아니다.

🌀 날마다 가르치고 전도하기

"그들이 날마다 성전에 있든지 집에 있든지 예수는 그리스도라고 가르치기와
전도하기를 그치지 아니하니라"(행 5:42).

초대 교회 사람들은 성전에서나 집에서나 예수를 그리스도라고 가르치고 전도하는 것도 '날마다' 그렇게 했다. 매일 예수를 그리스도로 고백하고, 배우고, 전하는 사람과 일주일에 한 번 그렇게 하는 사람 사이에 차이가 없다면 오히려 이상한 일이다. 아침마다 새롭게 말씀을 펼치고 그분 앞에 겸

손히 무릎 꿇는 사람과 일주일에 한 번 허겁지겁 예배드리러 나와 반은 졸고 반은 예배하는 사람을 어떻게 같은 신앙인이라고 말할 수 있겠는가? 여호와의 율법을 즐거워하는 복 있는 사람이 되기 위해 더욱 붙잡아야 하는 말은 '주야로', 즉 날마다 하나님의 말씀에서 떠나지 말아야 한다는 것이다. 초대 교회의 핵심은 '날마다' 주님을 따르던 자들에게서 그 답을 찾아야 한다.

날마다 성경을 상고하기

"베뢰아에 있는 사람들은 데살로니가에 있는 사람들보다 더 너그러워서 간절한 마음으로 말씀을 받고 이것이 그러한가 하여 날마다 성경을 상고하므로"(행 17:11).

너그럽고 간절한 마음으로 말씀을 받았던 베뢰아 사람들은 참 좋은 성품을 가진 자들이었던 것 같다. 하지만 그들은 좋은 성품과 마음뿐 아니라 '날마다' 성실하게 성경 말씀을 자세히 살피며 깊이 묵상하는 자들이었다. 간절한 마음으로 말씀을 받아 면밀히 연구하고 묵상하는 그들의 열정은 믿음의 깊이를 더하게 하고 믿는 자들의 수도 늘어나게 했다. 성경은 그 말씀을 믿는 자들에게 그리스도 예수 안에 있는 믿음으로 구원에 이르게 하는 능력이 있기 때문이다(딤후 3:15). 또한 성경은 우리를 교훈하고 책망하며 바르게 함과 의로 교육하기에 매우 훌륭한 지침서가 되기 때문이다(딤후 3:16). 그러한 말씀이 내 안에서 날마다 역사하기를 원한다면 주일 예배에 한 번

선포되는 설교를 듣는 것만으로 만족할 수는 없을 것이다.

✺ 날마다 강론하기

"어떤 사람들은 마음이 굳어 순종하지 않고 무리 앞에서 이 도를 비방하거늘
바울이 그들을 떠나 제자들을 따로 세우고 두란노 서원에서 날마다 강론하니
라"(행 19:9).

바울이 회당에서 석 달 동안이나 하나님 나라에 대해 말씀을 전했으나
마음이 굳어 있는 자들은 말씀을 들으려 하지 않았다. 그들은 오히려 하나
님의 말씀을 비방했다. 그러나 바울은 그들을 대적하지 않고 조용히 떠나
말씀을 듣고자 하는 제자들과 더불어 날마다 말씀을 가르치고 토론하기를
쉬지 않고 두 해 동안 지속했다.

10년이 넘게 교인들과 '날마다'를 해 오면서 이런 비슷한 상황을 만날 때
가 많았다. 기회가 있을 때마다 말씀을 보고 듣는 일에 대해 쉬지 않고 설명
하며 가르치기를 힘썼다. 성경 말씀을 펼쳐 그 근거를 찾았고, 설교할 때는
물론이거니와 개인 상담이나 성경 공부나 심방을 할 때도 말씀을 가르치며
'날마다'를 권면했다. 그러나 모든 성도가 다 순종하며 '날마다'를 실천하고
따르는 것은 아니었다. 마음을 열지 않는 사람, 쉬운 방법을 찾는 사람, 귀
찮아하는 사람, 굳이 그렇게까지 해야 되느냐며 반문하는 사람, 지나치다
고 하는 사람도 있었다. 답답하고 절망스러운 순간들이 많았다. 그런데도

'날마다'를 꾸준히 지속할 수 있었던 것은 오로지 하나님의 은혜였다. 나는 '말씀을 듣고 따르고자 하는 자들을 따로 세우고 날마다 말씀을 강론했다'는 바울의 모습에 많은 공감을 하며 그로 인해 위로와 힘을 얻는다. 그리고 지금도 여전히 날마다 말씀과 더불어 살며 '날마다'를 이어 가고 있다.

온통 날마다

교회는 모이기 위해 존재하는 곳이지만 그것이 전부는 아니다. 교회는 우리가 세상을 향해 믿음으로 담대히 나아가기 위해 함께 모여 준비하는 곳이다. 우리가 살아가는 가정과 일터, 학교, 사회 속에서의 경쟁과 이겨 냄을 적당한 한 끼만으로는 감당할 수 없듯이, 영의 양식도 마찬가지다. 그리스도인으로 세상 가운데서 믿음으로 다른 삶을 살기 위해서는 더 많은 영의 양식을 먹어야 한다. 육신의 삶도 그러하거니와 하물며 영적인 거룩한 삶을 갈망하는 자라면 영의 양식을 먹기 위한 부단한 애씀도 당연히 필요하다.

날마다 마음을 같이해서 모이기를 힘쓰고, 서로 떡을 떼고 아낌없이 나누며 하나님을 찬송하고 예배했던 초대 교회. 날마다 언제, 어디에 있든지 예수님이 그리스도이심을 가르치고 전도하기를 즐겨하던 초대 교회. 날마다 간절한 마음으로 하나님의 말씀을 사모하며 그 말씀을 깊이 연구하고 묵상하는 열정을 가졌던 초대 교회. 말씀을 듣고자 하는 제자들과 더불어 날마다 말씀을 가르치고 토론하며 훈련하기를 몇 해 동안 거듭했던 초대 교회. 초대 교회는 온통 '날마다'로 가득하다. 날마다 사모하고, 날마다 모이고, 날마다 말씀 듣고, 날마다 연구하고, 날마다 나누고, 날마다 가르치고,

날마다 전도하고, 날마다 찬송하고, 날마다 예배하고, 날마다 구원받는 자가 더해졌다.

그들은 특별한 것인가? 지금은 시대가 다르기에 그때와 같이 할 수 없다고 할 것인가? 온통 '날마다'로 가득했던 초대 교회를 말씀으로 거듭 만나며 '날마다'의 선택에 힘을 얻는다. 그러니 날마다 먹을 양식을 위해 초대 교회로 돌아가자. 한 번에 다 할 수 없어도 날마다 주의 말씀을 먹어 보자!

23. 예수 그리스도
- 거룩한 습관

"예수께서 나가사 습관을 따라 감람 산에 가시매 제자들도 따라갔더니"(눅 22:39).

사람이신 예수님

성경을 읽다 보면 성경에 등장하는 인물들이 부담스럽게 다가올 때가 있다. 나는 그렇게 할 수 없을 것 같은 부담감, 너무 다른 특별한 모습에서 느끼는 이질감, 나와는 다른 듯한, 감히 흉내 내기도 어려울 것 같은 모습들. 그럴 때면 말씀 묵상이 힘겹게 느껴지기도 한다. 그래도 그럴 때마다 성령님이 들려주시는 위로의 말씀이 있다.

> "엘리야는 우리와 성정이 같은 사람이로되 그가 비가 오지 않기를 간절히 기도한즉 삼 년 육 개월 동안 땅에 비가 오지 아니하고 다시 기도하니 하늘이 비를 주고 땅이 열매를 맺었느니라"(약 5:17-18).

엘리야도 우리와 본성이 똑같은 사람이었다는 이 말씀은 위로가 되고 힘이 된다. '나도 할 수 있겠구나!'라는 생각과 함께 부담스러운 마음을 조금이나마 덜어 낼 수 있어서 다행이다. 하지만 예수님을 닮아 가야 한다는 말은 과연 가능한 것일까? 성경의 다른 인물들과 예수님은 차원이 다르지 않은가? 그런데 성경은 예수님도 우리와 같은 사람의 본성을 가진 자로서 우리와 같은 삶을 사셨다고 말하고 있다.

성경에는 예수님의 사람 되심을 알 수 있는 기록이 여러 군데 기록되어 있다. 그중 하나가 예수님이 눈물을 흘리면서 우셨다는 것이다(요 11:34-35). 마음 아파하거나 안타까워하며 우셨고(눅 19:40-41), 때로는 심하게 통곡하며 울기도 하셨다(히 5:7). 그분은 정말 사람이셨다.

예수님의 사람 되심을 알 수 있는 또 다른 기록은 예수님이 많은 고난을 당하셨다는 것이다(히 2:18). 모든 일에 우리와 똑같이 시험을 받으셨을 뿐만 아니라(히 4:15) 침 뱉음을 당하고, 억울한 일을 당하고, 주먹질과 매 맞음의 고통도 겪으셨다(막 14:65). 더구나 죄 없으신 분이 죽음의 공포를 겪으며 고통스럽게 죽임을 당하시기까지 했다(막 15:34).

그뿐 아니라 예수님은 피곤함에 배 위에서 주무셨고(눅 8:23), 먹을 것을 찾으셨고(눅 24:41), 광야에서 시험을 받으셨고(막 1:13), 죽은 자 앞에서 슬퍼하셨고(요 11:38), 당신의 어머니를 걱정하며 부탁하셨다(요 19:26-27). 예수님은 그저 사람이셨다. 그런 예수님이 당신에게 죽음이 점점 다가오는 것을 알면서도 어떻게 자연스럽게 기도의 자리로 나아갈 수 있으셨을까? 더구나 그 기도의 자리는 사람으로서는 도무지 감당하기 힘든 자리였다.

"아빠 아버지여 아버지께는 모든 것이 가능하오니 이 잔을 내게서 옮기시옵소서"(막 14:36).

"예수께서 힘쓰고 애써 더욱 간절히 기도하시니 땀이 땅에 떨어지는 핏방울같이 되더라"(눅 22:44).

이것은 기도가 아니라 울부짖음이고 몸부림이었다. 감당하기에는 너무 힘들고 버거운 일인지라 도무지 그렇게 할 수 없을 것만 같은, 그러나 해야만 하는 일을 두고 어찌할 바를 모르는 고통스러운 몸부림이었다. 그런데도 어떻게 여전히 기도의 자리를 지켜 내며 기도하실 수 있었을까?

예수님의 습관

신앙생활을 한다고는 하지만 문제가 생기거나 삶에 위기가 닥쳐온다고 해서 당연히 무릎 꿇고 기도할 수 있는 것은 아니다. 기도하는 훈련이 몸에 배어 기도하는 습관이 형성되지 않으면 잘할 수 없는 일이다. 그런데 기도하는 습관은 하루아침에 이루어지지 않는다. 예수님이 비통한 심령 중에도 하나님 앞에 나아가 기도하실 수 있었던 것은 어떤 능력이나 신비한 권능을 가지고 있어서가 아니다. 그것은 기도하기 위해 감람 산으로 가시던 예수님의 습관이었다. 예수님은 열두 제자를 세우기 전에도 밤이 새도록 기도하셨고(눅 6:12), 제자들에게 기도를 가르치시기 전에도(눅 11:1-4), 오천 명을 먹이실 때도(눅 9:16; 막 6:41), 사역을 마치신 후에도(막 6:46) 기도하셨으며, 제자들과 함께(눅 9:28-29), 때로는 한적한 곳을 찾아서(막 1:35; 눅 5:16) 기도하기도 하셨다. 이처럼 예수님에게 기도는 사건이 아니라 습관이었다. 예수님의 기도는 '날마다'의 삶이었다.

앞에서도 말했지만 습관은 순식간에 생기는 것이 아니다. 습관은 오랜 시간을 수없이 반복했을 때 저절로 익숙해지고 몸에 배게 된다. 분명한 것은, 예수님은 우리와 다른 분이셨지만 육신의 몸을 가지고 계시는 동안에는 예수님도 육신에 대해 자유롭지 못하고 제한받는 존재로 사셨다. 그래서 고통스러워하고 괴로워하며 피하고 싶어 하시는 것이 그분의 모습 속에서 드러난다. 그래도 다시 기도의 자리로 나아가실 수 있는 것은 그분의 탁월함이나 권능이 아닌 습관이기에 가능했다. 지속적으로 이루어진 삶의 습관이 그렇게 기도의 자리에 그분을 세운 것이다.

"예수께서 나가사 습관을 따라 감람 산에 가시매"(눅 22:39).

🟦 예수님의 순종

예수님의 습관에서 나온 또 하나의 힘이 있다. 예수님의 순종이다.

"이르시되 아버지여 만일 아버지의 뜻이거든 이 잔을 내게서 옮기시옵소서 그러나 내 원대로 마시옵고 아버지의 원대로 되기를 원하나이다 하시니"(눅 22:42).

과연 죽음 앞에서 아버지의 뜻을 순순히 따르는 것이 쉽게 가능했을까? 아니다. 그래서 힘쓰고 애쓰며 땀이 땅에 떨어지는 핏방울 같을 정도로 간절히 기도하셨을 것이다. 그 잔을 피할 수만 있다면 피하고 싶으셨기에 그렇게 간절했을 것이다. 그런데도 그대로 순종하신 것에는 특별한 무언가가 있다기보다, '날마다'의 삶에서 이미 익숙해져 있는 또 다른 습관 때문임을 알 수 있다. 왜냐하면 예수님의 삶이 그것을 보여 주고 있기 때문이다.

예수님이 서른 살에 이르러 공적인 삶을 살기 전까지의 모습을 우리는 마태복음과 누가복음에서 찾아볼 수 있다. 하지만 그분이 어떻게 사셨을까를 알려 주는 부분은 한 구절밖에 없다. 이 한 구절이 예수님의 생애를 대변한다.

"예수께서 함께 내려가사 나사렛에 이르러 순종하여 받드시더라"(눅 2:51).

공생애를 시작하기 전에 예수님이 보여 주신 삶은 이 한 줄의 말씀 속에 함축되어 있다. 예수님은 부모님께 순종하며 사셨다. 그것도 30년 동안 그렇게 순종하셨다. 30년의 순종의 삶이 죽음을 앞둔 처절한 기도의 끝에서 내 뜻이 아닌 아버지의 뜻대로 되기를 외치며 '아멘' 할 수 있었던 힘이 아니었을까? 그렇다면 우리에게 '날마다'는 해도 되고 안 해도 되는 것이 아니라, 반드시 삶에서 묻어나도록 해야 하는 중요한 삶의 방법인 것이다.

🖋 거룩한 습관에 도전하다

지난 10년 동안 날마다 보고 듣는 것을 새롭게 해 보려고 부단히 몸부림치며 달려왔다. 그뿐 아니라 나의 삶을 말씀으로 채우고 변화시키기 위해 애써 왔다. 그리고 그것을 나누고 싶어서 이렇게 글을 쓰게 되었다. 그런데 '날마다'의 이야기 끝에서 성령님이 내 마음을 건드리셨다. 그것은 다름이 아니라 육신을 입고 이 땅에 계셨던 예수님의 삶을 다시 묵상하는 일이었다. 예수님의 삶의 힘은 30년의 순종과 기도하는 습관이었다. 그것을 새삼 '날마다'로 발견하면서 예수님의 거룩한 습관에 대해 도전을 받는다.

10년 그리고 다시 10년을 시작하는 이 시간이 벌써부터 기대되고 흥분된다. 말씀 속에서 새롭게 갖게 될 예수님과의 만남이 설레고 가슴이 뛴다. 예수님이 보여 주신 거룩한 습관을 따라 나는 '날마다'를 계속한다. 날마다 주의 말씀을 보고 듣는 이 기쁨이 주를 얼굴과 얼굴로 대면하게 될 때까지 믿음의 행진을 계속하게 해 주리라고 믿는다.

말씀이 계속 들리기를 원합니다

김홍준 권사

그동안 성경 전체를 온전히 읽어 보지도 못한 채 교회학교 교사를 비롯한 여러 가지 교회 일을 하면서 그것을 신앙생활의 잣대로 여기며 살아왔습니다. 그러나 이제 저에게 가장 크고 중요한 일은 하나님을 알아 가는 것입니다. 하나님을 온전히 알고 그분을 기쁘시게 하며 살아가기를 원합니다.

'날마다'를 시작했을 때는 말씀을 읽고 묵상하는 일이 무척 힘들었지만, 말씀을 볼수록 점차 말씀의 한 구절, 한 구절이 눈에 들어오기 시작했습니다. 어디에선가 들어 봤던 말씀들이 눈앞에 펼쳐져 있고, 힘들 때 누군가가 전해 주었던 위로의 말씀들을 눈으로 확인하게 되는 일이 신이 났습니다. 그러다가 설교 시간이면 눈을 감고 졸기만 하던 제 귀에 목사님의 설교 말씀이 들리기 시작했습니다. 말씀을 읽으면서 말씀이 들리는 은혜가 임한 것입니다.

처음에는 한 가지만으로 '날마다'를 진행하던 것을 스스로 한 가지씩 늘려 가게 되었습니다. 조금 일찍 출근해서 한두 가지, 점심시간에 한 가지, 또 퇴근해서 한두 가지를 하는 방법으로 여러 번에 걸쳐 그날의 '날마다'를 마무리하고 있습니다. 꾸준히 하다 보니 성령님이 주시는 감동에 따라 자연스럽게 '날마다'의 분량이 늘어난 것입니다. 이렇게 스스로 감당할 수 있을 만큼, 먹을 수 있을 만큼 날마다 말씀을 먹게 되니 즐겁고 감사할 뿐입니다.

저는 '날마다'를 하며 귀에 익숙한 말씀들이 눈앞에 펼쳐지듯 말씀을 읽음으로 주의 말씀이 계속해서 들리기를 기도합니다. '날마다'를 통해 말씀으로 만나 주시고, 감동을 주며 늘 함께해 주시는 주님에게 감사와 찬양과 영광을 돌립니다.

1. 당신이 가장 닮고 싶은 성경 속 인물은 누구인가요? 닮고 싶은 이유는 무엇인가요?

2. 열두 명의 정탐꾼처럼 같은 대상을 바라보았음에도 평가가 엇갈리는 이유는 무엇이라고 생각하나요?

3. 예수님에게는 기도와 순종 등 여러 가지 거룩한 습관이 있었습니다. 당신의 거룩한 습관은 무엇인가요? 또한 새롭게 도전해 보고 싶은 거룩한 습관이 있다면 무엇인가요?

∞ 그룹 미션

일주일, 한 달 등 기간을 정해서 사도행전 2장 46-47절 말씀을 공동체 안에서 실천해 봅시다.

> "날마다 마음을 같이하여 성전에 모이기를 힘쓰고 집에서 떡을 떼며 기쁨과 순전한 마음으로 음식을 먹고 하나님을 찬미하며 또 온 백성에게 칭송을 받으니"(행 2:46-47).

∞ 개인 미션

습관을 따라 기도하셨던 예수님처럼 기도의 시간과 장소를 정해 봅시다. 그리고 그렇게 날마다 기도하기를 훈련해 봅시다.

6부

'날마다' 우리는
무엇을 보고 듣는가

24. 날마다 보고 듣는 것
- 어떻게 적용할까

"내가 오늘 네게 명령한 이 명령은 네게 어려운 것도 아니요 먼 것도 아니라 … 오직 그 말씀이 네게 매우 가까워서 네 입에 있으며 네 마음에 있은즉 네가 이를 행할 수 있느니라"(신 30:11, 14).

일반 원리와 특별 원리 요약

창세기 1-11장까지의 말씀 속에서 이 세상에 존재하는 모든 이들을 위해 하나님이 어떻게 살아가라고 말씀하시는지에 대한 삶의 원리를 몇 가지 살펴보았다. 하나님은 단번에 이루어지는 삶의 역전이 아니라, 계속되는 성장을 통해 삶을 이루어야 하는 성장의 원리를 주셨다.

그뿐 아니라 사람은 매 순간 선택해야 하는 존재임을 알려 주셨다. 사람이 한 번 잘한다고 계속 잘하는 것은 아니며, 한 번 실패했다고 계속해서 실패하는 것도 아니다. 사람은 매 순간 진지하게 삶의 선택을 하면서 한 걸음, 한 걸음 나아가는 존재다. 따라서 우리는 가볍게 선택한 삶이 어떤 위험한 결과를 가져올지에 대해 먼저 생각해 보아야 한다. 선택의 원리는 그렇게 책임을 동반한다.

하지만 그 선택은 언제든지 할 수 있는 것이 아니다. 선택할 기회는 '오늘'에 제한되어 있다. 그래서 내일로 미루지 않고 '오늘'이라 일컬어지는 동안에 주어진 기회를 놓쳐서는 안 된다. 그것이 하나님이 주신 기회의 원리다.

그러나 세상에 허락하신 하나님의 원리는 반복된다. 성장의 반복, 선택의 반복, 기회의 반복은 하나님이 모든 사람에게 주신 놀라운 은혜다. 이것이 바로 반복의 원리다. 성장이 멈추고, 선택하는 일이 불가능해지고, 새롭게 시작할 기회의 날인 '오늘'이 사라질 때까지 계속되는 일상과 자연의 반복(심음과 거둠, 추위와 더위, 여름과 겨울, 낮과 밤)을 지혜롭게 잘 활용해 좋은 습관을 만들어 살아가는 일은 참으로 복되고 귀하다.

이렇게 열심히 사는 것으로 행복해한다면 우리는 이 세상으로 만족하고 거기에서 멈추게 될 것이다. 하지만 하나님이 허락하신 삶의 원리들은 그것을 통해 하나님과 가까워지며 그분의 뜻을 따라 살아가도록 주어진 것이다. 그래서 하나님은 사람들에게 세상에서 하나님의 자녀로 살아가는 또 다른 특별한 원리들을 허락해 주셨다.

"우리가 주목하는 것은 보이는 것이 아니요 보이지 않는 것이니 보이는 것은 잠깐이요 보이지 않는 것은 영원함이라"(고후 4:18).

"그러므로 너희가 그리스도와 함께 다시 살리심을 받았으면 위의 것을 찾으라 거기는 그리스도께서 하나님 우편에 앉아 계시느니라 위의 것을 생각하고 땅의 것을 생각하지 말라"(골 3:1-2).

하나님 없이 살아가던 세상을 향해 하나님은 특별한 계획을 세우셨다. 창세기 12장 이후에 아브라함을 불러 세상을 살아가는 방법을 일깨워 주셨다. 그것은 어떤 특정인이 아니라 이러한 하나님의 섭리를 믿는 모든 자에게 주어진 아주 특별한 선물이다. 우리는 이 세상에서 영원한 삶을 생각하고, 연습하고, 훈련하며 살아야 하는데, 그것이 바로 하나님과 동행하는 삶, 곧 영적인 원리의 첫 번째인 동행의 원리다. 이것은 믿음의 걸음이며, 하나님을 기쁘시게 하는 삶의 원리다. 하나님과 동행하는 삶은 아무나 할 수 있는 것이 아니라, 하나님에 대한 믿음을 가진 자라야만 가능하다.

하나님과 동행하는 삶은 세상과 다르게, 구별되게 살아가는 방법이며, 우리는 그것을 '거룩한 삶'이라고 부른다. 그렇다고 특별하게 드러내라는 것은 아니다. 말씀대로 살다 보면 사람들은 우리를 '그리스도인'이라 부르게 된다(행 11:26). 우리는 그저 다르게, 구별되게 살라고 말씀하시는 대로 살 뿐이다. 그러면 사람들은 우리의 모습을 보고 하늘에 계신 하나님에게 영광을 돌리게 된다(마 5:16). 이것이 거룩한 삶, 곧 다름의 원리다.

거룩한 삶은 무엇을 바라보고 서 있느냐에서 시작된다. 이스라엘 백성의 광야 40년 생활을 통해 그것을 배울 수 있다. 그들은 하늘에서 떨어지는 만나와 메추라기를 통해 먹이시고, 구름 기둥과 불기둥으로 인도하시고, 성막을 통해 함께하고 만나 주시는 하나님을 바라보며 그 삶의 여정을 이루어 갔다. 온전히 하나님만 바라보기를 원하시기에 가르쳐 주신 것이 바라봄의 원리다.

그러나 동행함도, 구별됨도, 바라봄도 쉽지 않다. 빠른 결과를 보고 싶어 하는 것이 사람의 마음이기 때문이다. 하지만 하나님의 방법은 종종 아주

느리고 지루하며 답답하다. 그래도 하나님은 정확하고 분명하며 틀림이 없으시기에 지루함의 원리 또한 놓칠 수 없는 하나님의 인도하심이다. 이 모든 영적인 원리들은 우리를 하나님의 사람으로 만들어 가는 가장 귀하고 특별한 방법이다.

어떻게 적용할까

이제 이런 일반 원리와 특별 원리들을 어떻게 우리 삶에 적용할 수 있는지를 구체적으로 나누어 보려 한다. 사실 삶을 건강하게 만드는 특별한 비법은 없다. 의사나 한의사나 대체 의학자들이나 건강 관련 업무에 종사하는 이들의 답은 한결같다. 잘 먹고, 잘 자고, 규칙적으로 운동하면 된다. 하나님이 주신 원리도 마찬가지다. 그것을 사용하는 탁월한 방법은 없다. 상상하지도 못할 엄청난 비법이 숨겨져 있는 것도 아니다. 오히려 가장 기본적이고 단순한, 늘 반복되는 일상 속에 그 비밀이 들어 있다.

이제 이 책의 서두에 조금 언급하다 말았던 '날마다 보고 들음'에 대한 이야기를 구체적으로 다시 해야겠다. 나는 그동안 이 순간을 향해 어줍은 글을 계속 정리해 왔다.

성도들이 변화되지 않는 이유에 대해 고민했고, 변화의 은혜를 허락하셨지만 잘 간직하지 못했다. 은혜의 시간이 지난 후 다시 옛 모습으로 돌아가는 성도들의 모습을 살폈고, 깨달음을 주셨지만 지속적이지 못해 실패하는 경험도 했다. 부끄럽지만 이미 이것을 이야기했다. 그리고 세상을 살아가도록 주신 일반적인 삶의 원리들과 위의 것을 바라보며 살아가도록 허락하신 특별한 삶의 원리들도 설명했다. 이제 이 모든 것이 이루어지도록 하는 방법인 날마다, 항상, 쉬지 않고, 범사에 우리가 무엇을 바라보고 무엇을 듣느냐에 그 성패가 있음을 말하려고 한다. 베드로후서 2장 7-8절을 통해 설명했던 두 가지(날마다/보고 들음)에 대한 구체적인 성경의 사례들을 통해 다시 한 번 말해 보고자 한다. 우리의 문제는 항상 그것을 아느냐, 모르느냐가 아니라, 우리가 알고 있는 것을 그대로 행할 것이냐, 아니면 알기만 하고 말 것이냐 하는 것이다.

나는 지난 10년 동안 날마다 보고 듣는 것을 하나님이 주신 지혜대로 꾸준히 실천해 왔다. 그리고 매일 삶에 적용하기 위해 자신을 얼마나 많이 절제해야 하는지를 절절히 겪었다. 일반적으로 이것은 결코 쉬운 일이 아니라는 것을 너무나도 잘 알고 있다. 그러나 아는 것과 행하는 것은 같은 것이 아니듯, 믿는다고 말하는 것과 믿고 따르며 순종하는 것 또한 결코 같을 수는 없다.

25. 보고 듣는 삶
- 사람은 어떻게 만들어지는가

"독사의 자식들아 너희는 악하니 어떻게 선한 말을 할 수 있느냐 이는 마음에
가득한 것을 입으로 말함이라 선한 사람은 그 쌓은 선에서 선한 것을 내고 악
한 사람은 그 쌓은 악에서 악한 것을 내느니라"(마 12:34-35).

🖋 사람은 불완전한 존재로 태어난다

사람은 세상에 태어나는 생물 중에 가장 긴 시간 동안 성장하고 준비되어
야 하는 존재다. 그러므로 사람에 대한 평가를 너무 쉽게 이렇다, 저렇다 하
며 단정 짓는 것은 매우 조심해야 할 일이다. 왜냐하면 사람은 계속 자라날
수 있는 존재이고, 계속 새로워질 가능성이 있으며, 죽기 전까지도 인생에
는 계속해서 기회가 주어지기 때문이다. 그렇다면 사람은 태어나고 자라면
서 언제 어떻게 사람다워지는 것일까?

우리가 쌓는 지식과 삶의 경험들은 시간이 지날수록 한 사람의 내면을
채워 나가 그 사람을 형성하게 된다. 어려서부터 자연스럽게 몸에 밴 버릇
과 익숙하게 된 습관들이 성품이 되고, 부모와 사회 공동체로부터 전달된

다양한 전통 및 여러 환경에 의해 한 사람이 만들어지는 것이다. 하지만 이 모든 것을 가능하게 하는 가장 기본적인 삶의 행위가 있다. 그것은 다름 아닌 '보는 것과 듣는 것'이다.

보는 것과 듣는 것

'보는 것과 듣는 것'은 삶을 가능하게 하는 일에 매우 중요한 요인이다. 사람이 지식이나 경험, 습관, 전통, 환경, 그 외의 여러 가지를 선택하고 그것을 통해 성장해 나갈 때, 그 삶이 형성되는 출발에는 보는 것과 듣는 것이 있다.

몇 년 전, 미국의 스탠퍼드대학교에서 연구 발표한 내용을 한 책에서 읽은 적이 있다. 사람이 마음속에 무엇인가를 가득 채우게 될 때 그 영향으로 형성되는 효과는 보는 것이 84퍼센트, 듣는 것이 13퍼센트로 무려 보고 듣는 것으로 97퍼센트가 채워진다는 것이다. 또한 교회학교 교육과 시청각 교육에 대한 연구 중에 "교육 심리학에 의한 지각 경험을 통한 학습에 대한 통계"(KITS-START)를 보면, 인간의 잠재력은 시각이 87퍼센트, 청각이 7퍼센트, 후각이 3.5퍼센트, 촉각이 1.5퍼센트 그리고 미각이 1퍼센트로서 시청각을 합치면 94퍼센트요, 나머지가 6퍼센트라고 한다. 이것은 보는 것과 듣는 것이 교육에 미치는 영향 또한 매우 크고 놀랍다는 것을 보여 주는 셈이다.

사람은 태어나고 자라면서 이렇게 끊임없이 보고 듣는 과정을 반복한다. 그 반복의 과정이 긴 시간을 거치는 동안 백지와 같았던 사람의 내면이 숙달되고 다양한 형태로 다듬어져서 지금의 '나', '너' 또는 '우리'로 형성되는 것이다.

　요즘은 부모들이 어린아이를 칭얼거리지 않고 얌전하게 있게 하려고 스마트폰으로 동영상을 보여 주는 경우가 많다. 그런데 이것이 시간이 지난 후 아이들에게 어떤 영향을 끼치게 될 것인지를 상상하면서 보여 주는 부모는 많지 않다. 그것을 진지하게 생각한다면 그렇게 쉽게 아이 앞에 스마트폰을 가져다 놓을 수는 없을 것이다. 사람들이 함께 모여 대화할 때 들어 보지 못했거나 잘 모르는 것을 말할 수는 없다. 가장 많이 말하고 표현하게 되는 것들은 내게 익숙한 것들이다. 책, 음악, 드라마, 영화, 스포츠 등 그 외에도 내가 자주 보고 들으면서 접촉한 것들이 내 안에서 각인되었다가 표현되는 것이다. 그렇게 우리는 보고 들으면서 자라나며 형성되어 살아가고 있다.

만족하지 못하는 눈과 귀

성경에도 사람의 보고 듣는 일에 대해 알려 주는 말씀들이 있다.

　"눈은 보아도 족함이 없고 귀는 들어도 가득 차지 아니하도다"(전 1:8).

　"스올과 아바돈은 만족함이 없고 사람의 눈도 만족함이 없느니라"(잠 27:20).

　그런데 흥미로운 사실은, 만족하지 못하는 눈과 귀를 가지고 살아간다는 것을 사람들이 인식하지 못한다는 점이다. 내가 보는 것이 나를 만들고, 내가 듣는 것이 나를 형성한다고 생각하는 사람이 거의 없는 실정이다. 사람에게 가장 자연스러운 일인 보고 듣는 것이 삶에 얼마나 큰 영향을 끼칠 수 있는지를 진지하게 생각하지 않는다. 그저 당연하게 여기면서 세상의 모든 것들에 자신의 눈과 귀를 노출시키고 있다.

문제는 우리의 눈과 귀는 만족함이 없다는 것이다. 그래서 어느 순간 멈추려고 결심해도 쉽게 중단하지 못한다. '한 번만 더, 조금만 더'를 반복하다가 자신도 모르는 사이에 보는 것과 듣는 것에 중독이 되고 만다. 술과 담배, 마약이나 게임, 기타 약물들에만 중독될 것이라고 착각하지만, 우리가 상상하는 그 이상으로 많은 이들이 보고 듣는 것에 중독되어 빠져나오지 못하고 있다. 그것을 미처 중독이라고 생각지도 못하고 있을지 모른다. 하지만 분명한 것은, 보고 듣는 것에 아무 경계심 없이 자신을 노출한 채로 우리는 그렇게 '나'를 만들어 가고 있다는 사실이다.

성경으로 들어가 사람들의 삶을 살펴보면 보는 것에 의해 결정될 수 있는 것들이 얼마나 많은지를 알 수 있다. 사무엘은 이새의 아들 엘리압을 보고 왕으로 기름 부음을 받을 자로 생각했지만, 여호와는 사람의 용모와 키를 보아서는 안 된다고 말씀하셨다. 결국 사무엘의 선택은 그 자리에 참석도 하지 못한 막내 다윗이었다(삼상 16:6-13). 단지 사람의 눈에 좋아 보이는 것이 전부가 아니었다. 롯이 아브라함과 갈라설 때 선택권이 주어지자 그는 소돔과 고모라를 바라보았다. 그곳은 여호와의 동산 같고 애굽 땅과 같았다. 하지만 롯은 소돔이 여호와 앞에 악하며 큰 죄인이었고, 여호와가 곧 멸하려 하시는 땅이라는 것을 미처 생각할 수 없었다(창 13:10-13 참조). 단지 자기 눈에 보이는 것에 집착할 따름이었다. 사울 왕의 아말렉과의 싸움 이후에도 그에게 중요한 것은 사람들에게 보이는 것이었다. '내가 범죄하였을지라도 내 백성의 장로들 앞과 이스라엘 앞에서 나를 높여 달라'는 부탁은 사울 왕에게 있어 남들에게 보이는 것이 얼마나 중요했는지를 보여 주는 사건이다(삼상 15:30 참조).

⚜️ 보는 것과 듣는 것을 바꾸라

우리는 스스로 질문을 던져 보아야 한다. '나는 하나님에게 얼마나 집중하고 있는가?' 아무리 놀랍고 신비로운 은혜를 경험했어도 우리가 살아가는 삶으로 돌아가서 이전에 하던 그대로 살아간다면 삶의 변화는 불가능한 일이다. 보는 것을 고치고 듣는 것을 바꾸지 않는 한, 어느 한순간의 깨달음만으로는 달라진 듯 보여도 얼마 가지 못할 것이다.

이제 자신에게 물어보라. '하루 24시간 중에 나의 눈과 나의 귀는 하나님을 향해 얼마나 열려 있는가? 일주일 168시간 중에 나의 눈과 나의 귀는 믿음의 삶을 위해 얼마나 열려 있는가?'

우리는 종종 은혜 받으면 만사형통이라는 착각을 한다. 하지만 은혜를 받는 것은 하나님의 살아 계심과 그분의 사랑하심을 느끼는 시간이다. 느끼고 깨달았다고 달라지는 것이 아니라 단지 알게 되는 것이다. 마치 영화관에서 영화를 보다 감동이 되면 울기도 하고 고개를 끄덕이기도 하고 다짐도 하지만, 끝나고 불이 켜지면 다시 현실로 돌아가게 되는 것과 흡사하다.

이렇듯 오늘날 우리의 예배가 마치 한 편의 영화를 보는 것과 같아지는 것은 아닌지 생각해 볼 필요가 있다. 예배 시간에 들리는 말씀은 어느 때보다도 더 진지하게 다가오지만, 예배를 마치고 돌아서는 순간 우리의 현실 앞에서 하나님은 마치 아무런 의미도 없는 존재가 되는 듯하다. 그러니 말씀을 볼 필요나 기도할 이유를 못 느낀다. 우리의 현실은 그분이 개입하거나 간섭하실 수 없고, 철저히 내가 주인이 되어 보는 대로, 듣는 대로 살아간다. 과연 우리는 이대로 머물러도 괜찮은가? 아니다. 예배 후에는 보는 것과 듣는 것이 달라져야 한다. 교회가 아니라 일상에서, 가정에서, 혼자 있는 삶의 골방에서 그렇게 보고 들음을 바꿔야 한다.

나를 새롭게 만드는 첫걸음은 보는 것과 듣는 것을 바꾸는 것이다. 나를 만드는 가장 기본적인 삶의 걸음은 '보기와 듣기'이기 때문이다.

26. '날마다'의 삶
- 일용할 것을 날마다 거두라

"사람이 사는 땅에 이르기까지 이스라엘 자손이 사십 년 동안 만나를 먹었으니 곧 가나안 땅 접경에 이르기까지 그들이 만나를 먹었더라"(출 16:35).

누가 복 있는 사람일까

시편 1편은, '복 있는 사람은 여호와의 율법을 즐거워하여 그의 율법을 주야로 묵상하는 자'라고 고백한다. 이 말씀에 대해 설명하고 있는 많은 책들이 여호와의 율법과 그 율법을 묵상하는 것의 의미에 대해 자세히 설명하고 있는 것을 자주 볼 수 있다. 하지만 율법을 어떻게 묵상할 것이냐에 대한 방법적인 면에서 구체적으로 설명하고 적용하는 내용을 찾기는 쉽지 않았다. 사실 율법이 무엇을 의미하고 묵상이 무엇을 말하는지를 모르는 사람이 어디 있겠는가? 그리고 어떻게 말씀을 묵상할 것인가에 대한 방법론 또한 하나의 방법만이 절대적이라고 말할 수 있는 것도 아니다. 이미 다양한 방법들이 사용되고 있다. 그러니 어떤 방법으로 말씀을 묵상하느냐가 아니라 그 방법을 주야로, 날마다 해야 한다는 것에 초점을 맞추어야 함을 간과해서는 안 된다.

많은 그리스도인이 말씀 통독에 대한 결의를 불태우며 새해를 출발하지만 지속해서 꾸준히 실천해 나가는 사람을 발견하기란 쉽지가 않다. 결국은 한 해를 마감할 때 늘 아쉬움과 후회를 남긴다. "주여, 우리에게 한 해만 더 허락해 주소서!"라고 하면서 말이다. 정말 복 있는 사람은 말씀을 아는 자가 아니라 매일, 매달, 매년마다 주야로 여호와의 말씀을 묵상하는 자이다. 이렇게 평생, 날마다 말씀을 묵상하는 삶이 이어진다면 상상하지 못할 풍성한 삶을 누릴 것인데 우리의 도전은 늘 작심삼일로 끝나니 안타까울 뿐이다. 그래도 가끔은 우스운 생각을 해 본다. 매번 3일에 한 번씩만 도전해도 1년이면 100-120일은 말씀을 읽고 묵상할 수 있을 텐데 하고 말이다.

주야로 그것을 묵상하라

여호수아 1장은 모세가 죽은 후에 여호수아가 요단 강을 건너 약속하신 땅에 이르렀을 때 어떻게 해야 할지를 가르쳐 주시는 내용이 담겨 있다. 얼마나 부담스러웠을까? 스트레스가 엄청났을 것이다. 그런데 하나님은 여호수아에게 어떤 새로운 능력을 부어 주시지 않았다. 전투하는 방법이나 작전을 지시하지도 않으셨다. 하나님은 율법의 말씀을 지켜 행할 것을 말씀하셨다.

"이 율법책을 네 입에서 떠나지 말게 하며 주야로 그것을 묵상하여 그 안에 기록된 대로 다 지켜 행하라 그리하면 네 길이 평탄하게 될 것이며 네가 형통하리라"(수 1:8).

여기에도 율법책을 입에서 떠나지 않게 하며 묵상하고 지켜 행하되, 그것을 '주야'로 묵상하라고 말씀하신다. 언제까지 그렇게 해야 하는가? 어느 구절에도 정해진 시간은 없다. 기간을 정하고 하는 것이 아니라 부르시는 날까지 주야로 묵상하는 것이다. 날마다 하나님의 말씀을 가까이하는 것이 우리가 해야 할 마땅한 일이다.

여호수아를 향한 이와 비슷한 하나님의 명령이 또 있었다. 출애굽 이후 아말렉과의 첫 번째 전쟁에서 하나님의 지팡이를 손에 들고 산꼭대기에 선 모세의 손을 붙들어 주었던 아론과 훌에 대해서는 많이 기억할 것이다. 그런데 그때 산 아래에서 그 전쟁을 지휘하며 직접 나아가 싸웠던 사람은 여호수아였다. 전쟁 후에 하나님은 모세에게 말씀하신다.

"여호와께서 모세에게 이르시되 이것을 책에 기록하여 기념하게 하고 여호수아의 귀에 외워 들리라 내가 아말렉을 없이하여 천하에서 기억도 못 하게 하리라"(출 17:14).

'외워 들리라'라는 말은 잊지 않도록 하라는 것이다. 하나님의 도우심을 잊지 말라는 것은, 그것이 어제의 사건이 아니라 앞으로도 계속되는 사건이 되도록 반드시 기억하라는 것이다. 기억은 어제를 떠올리게 하지만 오늘을 살게 한다. 그리고 미래를 향하게 한다. 더구나 하나님을 기억하는 것은 단순히 잊지 않고 기억하기만 하라는 것이 아니기에 더더욱 중요하다. 하나님을 믿는 믿음은 어제가 아닌 오늘도 살아 계심을 믿는 것이기 때문이다.

날마다 하나님의 말씀을 묵상하는 것은 우리에게 말씀의 역사를 오늘로 가지고 오는 매우 중요한 통로를 만드는 일이다.

날마다 먹어야 하는 만나

신명기 8장 3절은 만나를 설명하거나 이해하고자 할 때 자주 인용되는 말씀이다.

> "너를 낮추시며 너를 주리게 하시며 또 너도 알지 못하며 네 조상들도 알지 못하던 만나를 네게 먹이신 것은 사람이 떡으로만 사는 것이 아니요 여호와의 입에서 나오는 모든 말씀으로 사는 줄을 네가 알게 하려 하심이니라."

만나의 영적인 의미는, 사람이 육신을 위해 매일 음식을 먹듯이 영의 양식도 매일 먹어야만 하는 영적인 존재라는 것이다. 영의 양식을 먹어야 한다는 사실을 모르는 것은 아니지만 구체적으로 마음에 설득되지 않을 수도 있을 것이다. 그래서 '그렇구나, 그렇게 하는 것이구나' 하고 받아들이지만 더 이상 어떻게 해야 할지를 잘 알지 못하게 되는 경우가 많다. 이스라엘 백성의 만나에 대한 신중하거나 진지하지 못한 태도를 보면 현재의 우리가 말씀을 대하는 태도와 별로 다르지 않은 것 같다.

"백성이 하나님과 모세를 향하여 원망하되 어찌하여 우리를 애굽에서 인도해 내어 이 광야에서 죽게 하는가 이곳에는 먹을 것도 없고 물도 없도다 우리 마음이 이 하찮은 음식을 싫어하노라 하매"(민 21:5).

하나님이 내려 주신 만나가 하찮아진 이유는 구체적 적용의 실패에 있다. 시편 78편을 보면 만나에 대한 놀라운 해석이 담겨 있다.

"그러나 그가 위의 궁창을 명령하시며 하늘 문을 여시고 그들에게 만나를 비 같이 내려 먹이시며 하늘 양식을 그들에게 주셨나니 사람이 힘센 자의 떡을 먹었으며 그가 음식을 그들에게 충족히 주셨도다"(시 78:23-25).

만나는 하늘 문을 열고 비같이 내려 주신 하나님의 선물이다(시 78:23-24). 하나님은 우리에게 하늘 양식을 주셨다(시 78:24). 이 만나는 힘센 자의 떡이었는데, 힘센 자는 천사로도 번역된다(시 78:25).

종합해 보면, 만나는 하늘 문을 열고 천사들이 먹는 하늘 양식을 우리에게 부어 주신 것이다. 우리가 세상을 살면서도 여전히 먹어야 하는 이 만나는 우리가 육의 존재일 뿐 아니라 영적인 존재임을 알려 준다. 이때 이 만나를 먹는 구체적인 방법은 '날마다'이다. 우리가 육의 양식을 먹는 것과 다르지 않다. 문제는 우리의 영이 영양실조에 걸려서 힘을 발휘할 수 없는 것이다. 이것은 만나에 대해 이미 잘 알고 있기는 하지만 꾸준히 먹지 않았기 때문이다.

✎ 거북이 교인

미국 교인들 사이에서 사용되는 '거북이 교인'이라는 말이 있다. 사람은 음식을 먹지 않으면 일주일, 개는 20일 정도를 산다고 한다. 그러나 거북이는 500일 넘게 먹지 않고도 살 수 있다고 한다. 평소에 육의 양식은 날마다 먹지만 영의 양식은 일주일에 한 번 주일 예배를 드리며 말씀을 듣는 것으로 만족하고 살아가는 교인이 많다. 그런 교인을 '거북이 교인'이라고 한다.

✎ 날마다 일용할 것을 거두게 하신 이유

"그때에 여호와께서 모세에게 이르시되 보라 내가 너희를 위하여 하늘에서 양식을 비같이 내리리니 백성이 나가서 일용할 것을 날마다 거둘 것이라 이같이 하여 그들이 내 율법을 준행하나 아니하나 내가 시험하리라"(출 16:4).

이스라엘 백성이 가나안에 들어가 그 땅의 소산물을 먹은 다음 날부터 만나가 그쳤다. 그러나 가나안에 들어갈 때까지는 광야 생활 40년 동안 만나, 즉 하늘 양식을 먹었다. 그런데 가나안에 들어가 살면서 왜 그렇게 여호와를 섬기는 일에 소홀하고 이방 신들을 섬기며 가나안 사람들과 섞여서 무기력하게 되었을까? 그것은 만나를 먹기는 했으나 영의 양식을 하찮게 여기는 태도가 영적인 건강을 지켜 주지 못했고, 날마다 영의 양식을 먹는 습관을 온전하게 이루지 못했기 때문이다. 일용할 양식을 날마다 거두게 하신 이유는 이스라엘 자손들이 하나님의 율법을 준행하나 안 하나 시험하시리라는 말씀 속에 그 답이 있다. 날마다 만나를 먹으면서 그것을 주시는 하나님을 기억한다면 이것이 바로 하나님의 시험에 대한 답이 되지 않겠는가. 매일 하나님을 기억하고 감사하며 살아가는 삶의 연속이 바로 그리스도인의 삶이 만들어지는 과정이다. 그래서 '날마다 무엇을 보고 들을 것인가' 하는 것은 그 무엇보다 중요한 그리스도인의 삶의 방식이 되어야 한다.

430년간 이어진 애굽 생활의 핵심은(출 1-2장) 고된 노동으로 인해 피곤한 육신이 그저 잘 먹고 잘 자는 것과 같은 것이었다. 그러나 배부르고 등 따뜻하면 되는 단순하고 무의미한 삶에서 하나님은 우리를 향해 일어나 나오라고 하신다. 다르게 살라고 하신다. 그 첫걸음이 날마다 만나를 먹는 것이다. 하나님이 한량없는 은혜로 비같이 내려 주시는 하늘 양식을 먹으면서 나를 입히고 보호하고 인도하시는 그분을 기억하고 바라보라고 하신다. 그뿐인가? 안식일에는 더 큰 평안을 예비하시어 미리 더 채우고 먹이시며 우리가 하나님만 바라보기를 원하신다. 그런데 우리는 여전히 이스라엘 백성이 애굽에 살기를 원하듯이, 하나님에게 육의 양식만을 구하며 날마다 달라고, 더 많이 주셔서 차고 넘치게 해 달라고 계속해서 구하고 있다. 그렇게 육신으로만 살아가려 한다면 우리의 신앙은 과연 무엇인가?

27. 보고 듣는 것의 선택
- 왜 마음이 상하는 것일까

"이는 이 의인이 그들 중에 거하여 날마다 저 불법한 행실을 보고 들음으로 그 의로운 심령이 상함이라"(벧후 2:8).

롯이 고통당한 이유

책 서두에서 베드로후서의 말씀으로 롯에 대한 이야기를 잠시 나누었다. 이 장에서는 이 내용을 좀 더 구체적으로 나누어 보려고 한다.

베드로후서 2장에서는 롯을 의로운 사람으로 묘사하고 있다.

"무법한 자들의 음란한 행실로 말미암아 고통당하는 의로운 롯을 건지셨으니"(벧후 2:7).

롯이 의인인가? 그는 소돔과 고모라를 선택할 때 이기적인 모습을 보여주었다. 그리고 점점 장막을 옮겨 죄악된 소돔의 한복판으로 들어갔다. 하지만 그런 가운데서 무법한 자들의 음란한 행실로 고통당한다는 표현과 불법한 행실을 보고 들음으로 그 의로운 심령이 상했다는 말은 그 안에 하나님을 향한 마음이 있었다는 것이 아니겠는가. 의인 열 명이 없어 소돔과 고모라가 멸망할 때 그곳에서 건져 냄을 받은 것은 그래도 하나님 보시기에 그가 의로움을 가진 자였기 때문이 아니었을까 생각한다. 물론 하나님이 아브라함을 생각해 롯을 그 멸망 중에서 건져 내시기도 했음을 알고 있다 (창 19:29).

왜 의로운 롯이 고통당하고 그의 의로운 심령이 상하게 되었는가? 창세기와 베드로후서를 아무리 살펴보아도 그가 악하다거나 하나님 보시기에 온전하지 않은 사람이라는 묘사는 없다. 그가 나쁜 짓을 일삼은 것도 아니다. 그런데 왜 고통당하고 상했을까? 성경은 그가 무엇을 한 것이 아니라, 소돔과 고모라 성에 살아가는 무법한 자들의 음란한 행실로 인해 고통당했다고 말한다(벧후 2:7). 그리고 8절은 좀 더 명확하게 롯의 심령이 상하게 된 이유를 밝히고 있다. 소돔과 고모라 땅의 무법한 자들의 음란하고 불법한 행실을 '보고 들음'으로 그가 병들어 가고 있었던 것이다. 보고 듣는 것 자체가 그의 삶을 상하고 병들게 했다. 이렇게 사람은 보고 듣는 것을 통해서 만들어진다. 그것도 날마다 보고 들었기 때문에 그렇게 되었다. 내가 어떤 행동을 해서가 아니라 그저 날마다 보고 들었기에 고통당하고 마음이 상했다는 것이 이해가 되는가?

날마다 보고 듣는 것이 삶을 만든다

내가 무엇을 보고 듣느냐가 내 인생을 만들어 간다. 사사기 16장 16절에서 삼손은 들릴라가 날마다 재촉하여 조르는 소리를 듣는 것 때문에 마음이 번뇌하여 죽을 지경이 되었다고 했다. 보고 듣는 것 때문에 고통당하고 죽을 지경이 되기까지 마음이 상하는 것이 가능하다면 그리고 그것이 '날마다' 우리 삶에서 반복적으로 진행되고 있다면, 내가 보고 듣는 것이 나를 만들어 가는 것은 마땅히 그럴 수 있는 일이다. 사람들은 온전하지 않거나 죄악된 것을 보게 될 때 무척이나 당황하고 놀라게 된다. 그러나 그것이 계속 반복되면 더 이상 놀라거나 당황하지 않고 자연스럽게 받아들이게 된다. 익숙해지는 것이다. 그리고 삶이 된다. 그래서 날마다 보고 듣는 것을 그냥 내버려 두어서는 안 된다.

수련회나 부흥회 또는 특별한 영성 집회 등을 통해 은혜 받은 사람들은 나름대로 기대와 소망을 품고 결단하며 삶의 자리로 돌아온다. 그러나 그 은혜의 감격과 기쁨은 얼마 가지 않아 사라진다. 삶을 변화시키지 않기 때문이다. 마음은 바꾸려고 하지만 우리의 삶에서 보고 듣는 태도가 바뀌지 않기 때문이다. 스마트폰을 열고 컴퓨터를 켜고 TV 앞에 앉아서 그것에 내 눈과 내 귀를 맡기고 이전과 같은 방식으로 살아간다. 자신이 날마다, 항상, 변함없이 하던 그대로 계속 보고 들으며 살아간다. 그러니 은혜를 받고, 새로운 영적인 체험을 하고, 기쁨과 감격을 맛보고 수많은 결단을 해도 달라지지 않는 것이다. 이렇게 바뀌지 않은 삶에서 은혜를 유지하기란 매우 어려운 일이다.

우리는 영적인 체험이나 구원의 확신을 얻은 후에 믿음으로 살기로 다짐

하는 순간부터 다른 삶을 선택해야 한다. 즉 자연스럽게 보고 들으면서 익숙하게 살아왔던 것으로부터 방향을 돌려야 한다. 그리고 새롭게 보아야 할 것에 대해 시선을 집중하고, 새롭게 들어야 할 것에 대해 민감해져야 한다. 예수 그리스도를 만나 그분을 나의 주인으로 내 안에 모셨지만, 처음부터 그분과의 삶에 익숙해지는 것은 아니다. 내가 보는 것과 듣는 것을 새롭게 하지 않는 한, 주님은 여전히 내 안에 계시지만 내가 이전부터 보고 들어오던 모든 것들로 인해 근심하실 수밖에 없다.

체로키 인디언들 사이에서 내려오는 전설인 '두 늑대 이야기'를 생각해 본다. 인간의 마음속에는 두 마리의 늑대가 있는데 이 둘은 항상 싸운다. 첫 번째 늑대는 나쁜 늑대인데 분노와 질투, 슬픔과 탐욕, 교만과 억울함, 열등감, 거짓말, 우울감으로 가득 차 있다. 두 번째 늑대는 착한 늑대인데 기쁨과 평화, 사랑과 희망, 평온함과 겸손함, 친절과 관대함, 연민과 믿음으로 가득 차 있다. 이 둘 중에 어느 쪽이 이기겠는가? 정답은 내가 어느 늑대에게 먹이를 주는가에 달려 있다. 마음속에 있는 두 늑대에게 먹이를 주는 방법은 내가 '무엇을 보고, 무엇을 듣는가' 하는 것이다.

날마다 불법하고 음란하며 무법한 것을 보고 들으면 마음이 상하고 고통을 당한다. 마찬가지로 날마다 기쁘고 감사한 것과 하나님의 말씀을 가까이하며 그분을 찾는다면 삶은 달라질 것이다. 그 기대감으로 날마다 가슴이 벅찰 것이다.

28. 보고 들은 것의 힘
- 왜 뒤돌아보고 싶어질까

"롯의 처를 기억하라"(눅 17:32).

"롯의 아내는 뒤를 돌아보았으므로 소금 기둥이 되었더라"(창 19:26).

마음을 빼앗긴 롯의 아내

롯의 이야기를 살펴볼 때 가장 이해되지 않는 것은 롯의 아내와 딸들에 대한 것이다. 왜 그들은 그런 행동을 취할 수밖에 없었을까? 성경을 자세히 살펴보면 그들을 방문한 이들은 두 천사라고 분명히 기록되어 있다. "저녁 때에 그 두 천사가 소돔에 이르니"(창 19:1)라고 기록하고 있으니 롯과 그의 가족(아내와 딸들)은 그들을 찾아온 이들이 누구인지 분명히 알고 있었다는 것이다. 천사들은 자신들이 여기에 오게 된 이유도 분명하게 알려 주었다.

"그들에 대한 부르짖음이 여호와 앞에 크므로 여호와께서 이곳을 멸하시려고 우리를 보내셨나니 우리가 멸하리라"(창 19:13).

196

그뿐만이 아니다. 천사들이 롯에게 시비를 걸던 소돔 사람들의 눈을 어둡게 만들어 앞을 보지 못하게 했을 때도 롯의 아내와 두 딸은 눈앞에서 놀라운 일이 벌어지는 것을 분명히 보았다(창 19:11). 그 이후에 롯이 성을 떠나기를 지체하자 천사들은 롯과 그의 아내와 두 딸의 손을 잡아 직접 성 밖으로 인도했다(창 19:16). 그리고 천사들은 그들에게 생명을 보존하기 위해 도망할 것과 뒤돌아보지 말아야 할 것을 직접 알려 주기까지 했다(창 19:17).

롯의 아내는 이 모든 것을 다 경험했음에도 불구하고 왜 뒤돌아보았을까? 나는 '날마다'의 방식으로 그 원인에 접근해 본다. 소돔은 어떤 땅이었나? 아브라함과 롯의 목자들 사이에서 생긴 다툼으로 인해 서로 갈라서게 되었을 때, 롯은 소돔을 선택했다. 그 땅은 삼촌인 아브라함에게 양보하고 싶지 않을 만큼 아름답고 기름지고 풍요로운 땅이었다(창 13:10). 하지만 그 땅에 대한 하나님의 생각은 달랐다.

"소돔 사람은 여호와 앞에 악하며 큰 죄인이었더라"(창 13:13).

"소돔과 고모라에 대한 부르짖음이 크고 그 죄악이 심히 무거우니"(창 18:20).

"또 롯의 때와 같으리니 사람들이 먹고 마시고 사고팔고 심고 집을 짓더니 롯이 소돔에서 나가던 날에 하늘로부터 불과 유황이 비 오듯 하여 그들을 멸망시켰느니라"(눅 17:28-29).

"소돔과 고모라 성을 멸망하기로 정하여 재가 되게 하사 … 무법한 자들의 음란한 행실로 말미암아 … 불법한 행실을 보고 들음으로"(벧후 2:6-8).

롯의 아내는 이런 곳에서 살고 있었다. 롯이 그곳에서 날마다 보고 듣는 것으로 마음이 고통당하고 의로운 심령이 상했던 것처럼 롯의 아내도 그랬다. 그녀 또한 소돔 땅에서 벌어지는 상황을 롯과 같이 날마다 보고 들으며 살았을 것이다. 그러면서 그것에 동화되기 시작했을 것이고, 그곳에 마음을 빼앗기기 시작했을 것이다. 왜냐하면 사람의 보고 듣는 것에는 만족함이 없기 때문이다.

롯의 아내는 오랜 시간 동안 소돔에 살면서 소돔 사람들의 생활양식을 보고 들으며 자연스럽게 젖어 들어가고 있었다. 어느 순간부터인지 이미 몸에 익숙해진 것을 따라 살아가게 되면서 그것이 그 삶의 힘이 되었을 것이다. 뒤를 돌아보았다는 것은 한 번 만난 천사의 소리보다 매일매일 살아가면서 보고 들은 것이 그의 마음을 더 움직였다고 말할 수밖에 없다. 천사의 특별한 방문, 이적, 설득, 끌어냄, 명령이라는 특별한 날의 놀라운 일보다 그가 살아가면서 날마다 보고 들으며 만들어 놓은 일상의 삶이 그를 더 강력하게 흔들었던 것이다. 뒤돌아보면 안 되는 것을 알지만, 그의 마음에는 그가 보았던 여호와의 동산 같고 애굽 땅과 같이 아름답고 화려하고 풍요로운 소돔이 하나님의 음성보다 더 가득 차 있었다. 끝내 그 땅을 선택한 그녀는 소금 기둥이 되었다.

습관으로 되돌아가는 어리석음

하나님의 직접적인 심판이 임하는 사건이 흔하지 않은데, 이렇게 유황불로 한 성을 불살라 버리셨다는 것은 그곳의 상황이 얼마나 타락했는지를 보여주는 좋은 예가 된다. 소돔에 살면서 그 타락한 것들을 날마다 보고 듣는 것으로 마음을 채운 그녀가 아무리 천사들의 강권하는 명령으로 성읍에서 벗어났다 하더라도 마음에 가득 차 있는 그 땅을 향해 고개를 돌리는 것은 어쩌면 자연스러운 현상이었을 것이다. 아무리 천사를 만났어도, 그의 음성을 들었어도 그리고 멸망의 소식이 전해졌을지라도 사람의 눈과 귀는 그 마음에 가득 찬 것으로 움직일 수밖에 없다.

신앙 상담을 하러 오는 사람들이 목사의 권면을 듣게 되면 모두가 수긍하고 그렇게 하겠다고 한다. 하지만 돌아가서는 자신들이 원래 생각하던 그대로 사는 경우가 많다. 왜냐하면 그들의 삶은 이미 날마다 보고 들은 것으로 형성되어 있어 한두 번의 자극으로는 잘 변화될 수 없기 때문이다. 암 환자들이 치료받는 과정에서는 매우 조심하며 새로운 삶의 방식에 적응하려 애쓰지만, 완치를 받은 후에는 본래의 삶으로 되돌아가 예전의 습관대로 살다가 다시 발병되는 경우가 이와 같은 것이라고 볼 수 있다.

요한계시록은 롯의 아내처럼 살아가는 사람들의 모습을 잘 보여 주고 있다.

"이 재앙에 죽지 않고 남은 사람들은 손으로 행한 일을 회개하지 아니하고 오히려 여러 귀신과 또는 보거나 듣거나 다니거나 하지 못하는 금, 은, 동과 목석의 우상에게 절하고 또 그 살인과 복술과 음행과 도둑질을 회개하지 아니하더라"(계 9:20-21).

"사람들이 크게 태움에 태워진지라 이 재앙들을 행하는 권세를 가지신 하나님의 이름을 비방하며 또 회개하지 아니하고 주께 영광을 돌리지 아니하더라"(계 16:9).

심판 앞에서도 비방하고 회개하지 않는 이들의 모습을 보면 뒤돌아보는 것이 아주 특별한 행동은 아님을 알게 된다. 그러므로 우리의 삶은 하루아침에 이루어지는 것이 아니라 '날마다 보고 들음으로 만들어진다'는 사실을 다시 한 번 더 신중하게 생각해 보아야 한다.

익숙한 대로 행동하는 것의 위험성

롯의 두 딸의 행동도 그랬다. 두 딸이 대화하는 장면을 보자.

"큰딸이 작은딸에게 이르되 우리 아버지는 늙으셨고 온 세상의 도리를 따라 우리의 배필 될 사람이 이 땅에는 없으니 우리가 우리 아버지에게 술을 마시게 하고 동침하여 우리 아버지로 말미암아 후손을 이어 가자 하고"(창 19:31-32).

어떻게 이런 생각을 할 수 있었을까? 생각해 낼 방법이 이것밖에 없었을까? 아브라함을 찾아갈 생각은 왜 안 했을까? 하나님에게 도움을 구하는 것은 말도 안 되는 생각이었을까? 롯의 아내와 마찬가지로 롯의 딸들도 소돔과 고모라 땅에 익숙해진 자들이다. 그곳이 어떤 곳인가? 무법한 자들의 음란한 행실로 가득 찬 곳이었고, 불법한 행실을 일삼는 곳이었다.

"소돔 백성들이 노소를 막론하고 원근에서 다 모여 그 집을 에워싸고 롯을 부르고 그에게 이르되 오늘 밤에 네게 온 사람들이 어디 있느냐 이끌어 내라 우리가 그들을 상관하리라"(창 19:4-5).

'그들을 상관하리라'라는 표현은 문자적으로는 '그들을 알리라'인데 이것은 성행위를 뜻하는 말이다. 이것은 창세기 4장의 '아담이 그의 아내 하와와 동침하다'라는 표현과 같은 의미다. 그들이 하나님의 말씀을 어기는 행위에 대해 말하고 있다는 것을 레위기의 말씀에서도 찾을 수 있다.

"너는 여자와 동침함같이 남자와 동침하지 말라 이는 가증한 일이니라"(레 18:22).

이것은 소돔 땅에서 행해지던 일로 당시 소돔의 모습을 잘 드러내 주고 있다. 이런 상황을 롯의 두 딸은 날마다 보고 들으며 살아왔다. 그러므로 날마다 보고 들으며 살았던 것이 자연스럽고 익숙하게 생각되었고, 그들의 삶에서 위기를 만나자 마음과 몸에 익숙한 대로 행동하게 된 것이다.

은혜 받고 새롭게 살겠다는 의욕은 생겼지만 여전히 보고 듣는 것에 익숙한 대로 행하다 보면 이전으로 돌아가 있는 자신을 보게 된다. 그리고 이내 삶의 변화는 역시 불가능하다고 생각한다. 오랜 시간을 거쳐 익숙해진 습관과 삶의 모습들이 한 번의 도전으로 단번에 변화될 수는 없다. 그런데도 여전히 막연하게 그저 믿으면 된다고 말하고, 시간이 지나면 달라지지 않을까 생각하고, 교회만 다니면 새로워질 것이라는 무책임한 기대감을 붙잡고 살아갈 것인가?

29. 어떻게 마음을 지켜야 할까
- 비고 청소되고 수리되었거늘

"모든 지킬 만한 것 중에 더욱 네 마음을 지키라 생명의 근원이 이에서 남이니라"(잠 4:23).

잠언 4장 23절은 마음을 지켜야 하는 이유에 대해 마음이 생명의 근원이 되기 때문이라고 했다. 보고 듣는 것과 마음을 지키는 일은 어떤 관계가 있을까? 마음에 대한 중요성은 예수님도 여러 차례 강조하셨다.

"선한 사람은 마음에 쌓은 선에서 선을 내고 악한 자는 그 쌓은 악에서 악을 내나니 이는 마음에 가득한 것을 입으로 말함이니라"(눅 6:45).

"독사의 자식들아 너희는 악하니 어떻게 선한 말을 할 수 있느냐 이는 마음에 가득한 것을 입으로 말함이라"(마 12:34).

"입으로 들어가는 것이 사람을 더럽게 하는 것이 아니라 입에서 나오는 그것이 사람을 더럽게 하는 것이니라 … 입으로 들어가는 모든 것은 배로 들어가서 뒤로 내버려지는 줄 알지 못하느냐 입에서 나오는 것들은 마음에서 나오나니 이것이야말로 사람을 더럽게 하느니라"(마 15:11, 17-18).

예수님이 하신 말씀은 우리 마음속에 가득 차 있는 것들이 온전하지 않기 때문에 마음속에 있는 악하고 더러운 것들을 치워 버려야 한다는 말씀으로 이해할 수도 있다. 하지만 이 말씀을 그렇게만 생각할 것은 아니다. 마음을 비운 후에 다시 무엇으로 그 마음을 채울 것인가 하는 문제는 마음의 더러움을 비우는 문제보다 더 중요한 일이기 때문이다. 그리고 그 일은 우리 자신에게 매우 막중한 책임이 있다.

많은 사람이 자신 안에 추하고 더럽고 온전하지 못한 것들이 가득 차 있는 것을 깨닫고 회개해 그 마음에 있는 더러운 것을 치워 버리고 용서함을 받는 것은 참으로 아름답고 귀한 일이다. 그러나 일상으로 돌아가서 여전히 이전과 다르지 않은 방법으로 똑같은 것을 보고 들으니 이 얼마나 위험한 일인가? 즉 비웠어도, 깨끗하게 청소하고 정리했어도 그것으로 끝내 버릴 수 없는 것이 마음이다.

비고 청소되고 수리되었거늘

예수님이 하신 말씀 중에 이 부분에 대한 매우 흥미로운 비유가 있다.

"더러운 귀신이 사람에게서 나갔을 때에 물 없는 곳으로 다니며 쉬기를 구하되 쉴 곳을 얻지 못하고 이에 이르되 내가 나온 내 집으로 돌아가리라 하고 와 보니 그 집이 비고 청소되고 수리되었거늘 이에 가서 저보다 더 악한 귀신 일곱을 데리고 들어가서 거하니 그 사람의 나중 형편이 전보다 더욱 심하게 되느니라 이 악한 세대가 또한 이렇게 되리라"(마 12:43-45).

"악한 귀신이 어떤 사람에게서 나와 쉴 곳을 찾아서, 물 없는 곳을 헤맸으나 찾지 못하고, 내가 나온 집으로 되돌아가겠다 하고 말한 후에 돌아와서 보니, 그 집은 비어 있고, 말끔히 청소되어 있었고, 잘 정돈되어 있었다. 그래서 그 귀신은 가서, 자기보다 더 악한 딴 귀신 일곱을 데리고 와서, 그 집에 들어가 자리를 잡고 살게 되었다. 이렇게 되면 그 사람의 나중 형편이 처음보다 더 비참하게 된다. 이 악한 세대도 그렇게 될 것이다"(마 12:43-45, 표준새번역).

귀신은 왜 그 사람에게서 나갔을까

귀신은 예수님으로 말미암아 성령에 의해 그 사람에게서 쫓겨난 것이다. 그렇다면 귀신이 나간 후에 물 없는 곳을 찾아다닌 이유는 무엇일까? 물 없는 곳은 사람이 살 수 없는 곳으로 광야나 사막 같은 곳인데, 이는 생명이 없는 곳을 의미한다고 본다. 다시 말하면, 귀신은 생명이신 예수님을 피해서 예수님이 없는 곳을 찾아다닌 것이다.

"아들이 있는 자에게는 생명이 있고 하나님의 아들이 없는 자에게는 생명이 없느니라"(요일 5:12).

그러면 귀신은 어떻게 일곱 귀신을 데리고 다시 들어올 수 있었을까? 귀신이 성령으로 인해 쫓겨난 마음에 어떻게 더 악한 일곱 귀신을 데리고 다시 들어와 거하게 되었을까? 마음을 깨끗하게 비우는 것은 끝이 아니라 시작이기 때문이다. 신앙은 한 번의 경험으로 모든 믿음의 삶이 완성되는 것은 아니다. 비고, 청소되고, 수리되어 치료는 끝났지만 물, 즉 생명이 있는 곳은 아니었다. 물 없는 곳은 언제라도 악한 귀신이 들어가 거할 수 있다. 깨끗이 비고 청소는 했지만, 그곳을 새로운 것으로 분명하게 채우는 일은 하지 않았기 때문이다. 주인 없는 집에 들어갈 기회를 얻은 귀신은 이번에는 혼자가 아니라 여럿이 함께 들어갔다. 그래서 그의 형편이 전보다 더욱 비참하게 되었다.

성령의 역사를 경험한 이후에 날마다 계속해서 보고 듣는 것이 우리 마음의 집을 채워 나가게 된다. 하지만 이전과 다를 바 없는 삶의 습관과 버릇들로 살아가게 되면 아무리 비고 수리하고 청소했어도 다를 것 없는 삶의 연장선상에 서 있을 뿐이다. 바울은 이것에 대해 비어 있는 마음을 어떻게 처리해야 할지를 분명하게 가르쳐 주었다.

"너희 안에 이 마음을 품으라 곧 그리스도 예수의 마음이니"(빌 2:5).

비워진 마음은 예수 그리스도로 채워야 한다. 예수 그리스도를 주인으로 모시고, 알아 가고, 닮아 가고, 동행하는 일로 가득 채워야 한다. 단지 비워

두는 것이 아니라 길이요, 진리요, 생명이신 예수 그리스도로 채우는 작업이 필요하다. 그리스도인들이 비우는 것을 위해서는 큰 노력과 애씀을 갖지만, 그것을 채우는 일이 더 가치 있고 귀한 것임을 인식하지 못한 채 비우기 이후의 삶을 내버려 둠으로써 더 큰 사건을 만들어 내는 것이다. 은혜 받은 이후 지금 당신은 무엇으로 당신의 마음을 채워 나가고 있는가?

잠언으로 돌아가서 다시 한 번 말씀을 살펴보자. 마음을 어떻게 지켜야 하는가?

"내 아들아 내 말에 주의하며 내가 말하는 것에 네 귀를 기울이라 그것을 네 눈에서 떠나게 하지 말며 네 마음속에 지키라"(잠 4:20-21).

우리의 마음을 지키기 위해서는 우리의 귀를 말씀에 집중하고 우리의 눈을 말씀에서 떠나지 않게 해 그 말씀을 마음속에 새겨야 한다. 우리가 지킬 만한 그 무엇보다 더욱 마음을 지키기 위해서는 마음을 비운 그 자리를 지혜의 말씀을 보고 듣는 일로 가득 채워 그 말씀을 떠나지 않고 지키며 살아야 한다. 잠언의 전반부는 이것에 아주 많은 부분을 할애하고 있다. 우리가 들어야 할 것은 세상의 소리도, 세상의 흐름도, 세상의 유행이나 여론도 아니다. 우리가 보고 듣고 따라야 할 것은 지혜의 소리다. 훈계의 목소리다. 주의 계명이다. 주의 법과 주의 명령을 날마다 기억하고 더불어 살며 지켜 행해야 한다. 날마다 우리의 보고 듣는 것으로 마음을 지키는 일에 도전해 보자!

깨달음, 모험, 몸부림

류재현 집사

좋은 습관을 들여 날마다 생각하고 실천하는 것이 우리 삶에 얼마나 큰 힘과 영향을 미치는지에 대해서는 이미 잘 알고 있습니다. 이 세상의 수많은 자기 계발서와 인플루언서가 그 증거이고 증인이니까요. 그러나 우리의 묵상과 실천의 이유와 목적은 예수 그리스도이기 때문에 세상에서 추구하는 가치와는 다르다는 것을 '날마다'를 통해 알게 되었습니다.

주님은 말씀의 거울을 통해 형제를 질투해서 살인한 가인이 바로 저였음을, 세상의 관심과 사랑이 더 소중했던 사울이 저 자신이었음을 깨닫게 해 주셨습니다. 끝이 보이지 않는 길고 긴 암흑의 터널 속에서, 좌절이라는 낭떠러지 앞에서 삶의 무게를 견디기 어려워 극단적인 선택을 생각했을 때, 주님의 계획 안에 제 이름이 새겨져 있음을 보여 주셨습니다. 성경 속 위대한 인물들의 몸부림과 선택에서 비롯된 믿음의 모험을 보여 주셨으며, 성경은 그 모험의 여정과 이유를 담아 놓은 것임을 깨닫게 해 주셨습니다. 그래서 저도 그들처럼 '날마다'를 통해 몸부림을 멈추지 않을 것과 믿음의 모험을 두려워하지 않을 것을 결심했습니다. 부끄러운 저 자신을 누구보다도 잘 알고 계신 주님이 그분의 계획 안에 제 이름을 가지고 계신다는 확신을 얻을 수 있었기 때문이었습니다.

꾸준한 '날마다'를 통해서 일정 시간이 흐른 후 성공적인 결말을 만들기 위해 애쓸 필요는 없을 것 같습니다. 이 세상 속에서 주님이 원하시는 믿음의 모험을 이어 가기 위한 끝없는 몸부림이 바로 '날마다'라고 확신하기 때문입니다.

1. 소돔에서 롯의 심령이 상했던 이유는 무엇이고, 세상에서 당신의 마음을 상하게 하는 것이 있다면 무엇입니까?

2. 말씀과 기도의 삶에서 당신을 자꾸 뒤돌아보게 하는 것이 있다면 무엇입니까?

3. 마음을 지키기 위해서 날마다 보고 듣는 일에 대해 구체적으로 도전해 보고 싶은 것이 있다면 무엇입니까?

∞ 그룹 미션

한 주간 동안 날마다 말씀을 묵상한 후 그룹으로 모여 묵상한 말씀을 나누고 함께 기도하는 시간을 가져 봅시다.

∞ 개인 미션

날마다 보고 듣는 삶을 살기 위해 '일일 말씀 생활 계획표'를 작성해 봅시다.

7부

'날마다' 이야기의
마침

30. '날마다' 계속하기
- 진짜 복 있는 삶

"오직 오늘이라 일컫는 동안에 매일 피차 권면하여 너희 중에 누구든지 죄의 유혹으로 완고하게 되지 않도록 하라"(히 3:13).

우리는 삶을 바꾸고 싶다

과거는 다시 그릇에 담을 수 없는 엎질러진 물과 같다. 이는 어떤 방법을 써도 우리 손으로 바꿀 수 없다. 과거는 늘 그렇다. 미래는 우리에게 가능성이다. 그 이상으로 더는 무엇이 될 수 없다. 과거를 바꿀 수 없듯이 미래 또한 임의로 달라지게 할 수 없다. 단지 가능성일 뿐이다. 그러나 현재는 다르다. 현재는 우리가 지금 서 있는 곳이다. 바꿀 수도 있고, 변화시킬 수도 있다.

오늘은 기회의 시간이다. 오늘을 바꾸면 과거를 다르게 볼 수 있다. 그래서 과거가 새로워진다. 오늘은 과거를 새롭게 볼 수 있는 놀라운 힘이 있다. 그뿐만이 아니라 오늘을 바꾸면 미래가 달라진다. 오늘이 달라지기 시작할 때 가능성으로 존재하는 미래가 우리 앞에 현재로 드러나기 시작한다. 그래서 오늘이라는 시간은 매우 중요하다.

✹ 내가 먼저 시작한다

세상에서 가장 쉬운 일이 무엇인가? 말하는 것이다. 말하는 일에는 돈도, 시간도, 땀도 필요하지 않다. 그냥 말하면 된다. 그것만큼 쉬운 것이 또 있다. 내가 안 하고 남에게 시키는 것이다. 그것도 말만 하면 되니까 쉽다. 다만 남에게 조금 미안함이 생길 수는 있다. 이렇게 생각하고 보니 더 쉬운 것이 있다. 내일부터 시작하는 것이다. 다음으로 미루는 것이다. 그러다 보면 언젠가는 하게 될 것이다. 문제는 그 언젠가를 모른다는 것이다. 그래도 뒤로 미루는 것처럼 쉬운 것은 없다.

하지만 더는 이런 식으로 살기를 원하지 않는다면, 인생의 변화를 원한다면 오늘 시작해야 한다. 방법은 없다. 아는 것만으로는 삶을 바꿀 수 없다. 원리를 깨달은 것만으로는 인생을 다르게 만들지 못한다. 지금 시작해야 한다. 지금 시작해야 할 사람은 누구일까? 모든 삶의 변화는 나로부터 시작되어야 한다. 내가 하지 않는 것은 다른 이들도 하지 않는다. 내가 먼저 시작해야 한다.

10년 이상 날마다 보고 듣는 훈련을 하면서 가장 감격스러웠던 순간은 미국에 있는 한 제자로부터 "10년 동안 그래도 그렇게 걸어와 주시고 포기하지 않아 주셔서 감사해요"라는 말을 들었을 때다. 포기하지 않고 달려오다 보니 계속 함께하는 이들과 뒤를 쫓아서 따라오는 이들이 생겼다.

나는 오늘도 다시 일어나 하나님의 말씀을 보고 듣는 일로 하루를 시작한다. 내가 먼저 한다. 열심히 한다. 누구에게 시키거나 지시하기보다 내가 먼저 한다. 그리고 뒤로 미루지 않는다. 그렇게 10년이 지나도록 계속해서 '날마다'를 반드시 '오늘' 하고 있다. 물론 지금도 그렇게 하고 있다.

'날마다'의 최종 목적

세상은 보고 싶었지만 볼 수도, 들을 수도 없는 분이 계셨다. 세상만 그랬겠는가? 성경 속에 있는 인물들도 그렇게 보고 싶어 했지만 보거나 들을 수 없었던 분이다.

> "옛적에 선지자들을 통하여 여러 부분과 여러 모양으로 우리 조상들에게 말씀하신 하나님이 이 모든 날 마지막에는 아들을 통하여 우리에게 말씀하셨으니 이 아들을 만유의 상속자로 세우시고 또 그로 말미암아 모든 세계를 지으셨느니라"(히 1:1-2).

누구인가? 예수님이시다. 그분은 선지자들도 기다렸지만 볼 수 없었다. 그래서 예수님은 제자들에게 이렇게 말씀하셨다.

> "그러나 너희 눈은 봄으로, 너희 귀는 들음으로 복이 있도다 내가 진실로 너희에게 이르노니 많은 선지자와 의인이 너희가 보는 것들을 보고자 하여도 보지 못하였고 너희가 듣는 것들을 듣고자 하여도 듣지 못하였느니라"(마 13:16-17).

'만일 우리가 이스라엘에서 태어나 예수님이 계시던 시대에 존재했더라면 얼마나 대단한 일이었을까?' 하고 생각해 본다. 그러나 예수님을 직접 만났던 베드로는 우리에게 다르게 이야기한다. 변화 산에서 하늘의 음성을 들었던 베드로는 이렇게 말했다.

"이 소리는 우리가 그와 함께 거룩한 산에 있을 때에 하늘로부터 난 것을 들은 것이라 또 우리에게는 더 확실한 예언이 있어 어두운 데를 비추는 등불과 같으니 날이 새어 샛별이 너희 마음에 떠오르기까지 너희가 이것을 주의하는 것이 옳으니라 먼저 알 것은 성경의 모든 예언은 사사로이 풀 것이 아니니 예언은 언제든지 사람의 뜻으로 낸 것이 아니요 오직 성령의 감동하심을 받은 사람들이 하나님께 받아 말한 것임이라"(벧후 1:18-21).

예수님에 대해서 정확하게 알려면 그때 그곳에서 함께 살았어야 하는 것이 아니라, 예수님과 함께했던 이들이 성령님의 인도하심을 따라 다양한 시각으로 기록해 놓은 성경 말씀을 보아야 한다. 그것은 우리에게 예비된 은혜요, 놀라운 축복이다.

'날마다'는 매일 성경 말씀을 보고 들으면서 예수님을 만나고, 알아 가고, 동행하고, 닮아 가고, 순종하는 삶을 가능하게 한다. 그래서 '날마다'는 그리스도인으로서 반드시 실천해야 하는 일이며, 거룩한 습관으로 삼아야만 하는 일이다. 무엇이 진짜 복된 것인가? 하나님의 말씀으로 성령에 감화되어 눈을 뜨고 내게 오신 예수님을 맞아들여 내 삶을 그분으로 가득 채우는 것이 아니겠는가?

"눈은 몸의 등불이니 그러므로 네 눈이 성하면 온몸이 밝을 것이요 눈이 나쁘면 온몸이 어두울 것이니 그러므로 네게 있는 빛이 어두우면 그 어둠이 얼마나 더하겠느냐"(마 6:22-23).

눈이 세상의 것으로 어두워지면 무엇을 제대로 볼 수 있겠는가? 믿음의 주요 우리를 온전하게 하시는 예수님을 바라봄으로 우리의 눈이 밝아져 선악을 분별하게 된다면 이것이 바로 복된 것이 아니겠는가?

✷ '날마다'를 계속하려면

무엇인가를 지속적으로 진행하기 위해 가장 필요한 것은 '자기 관리'다. 자신을 어떻게 다루면서 이끌어 갈 수 있느냐가 가장 큰 문제다. 그래서 바울도 자신을 쳐 복종하게 하는 일이 중요함을 강조했다.

"내가 내 몸을 쳐 복종하게 함은 내가 남에게 전파한 후에 자신이 도리어 버림을 당할까 두려워함이로다"(고전 9:27).

"형제들아 내가 그리스도 예수 우리 주 안에서 가진바 너희에 대한 나의 자랑을 두고 단언하노니 나는 날마다 죽노라"(고전 15:31).

예수님도 날마다 자기 십자가를 지고 따를 것을 말씀하셨다.

"또 무리에게 이르시되 아무든지 나를 따라오려거든 자기를 부인하고 날마다 제 십자가를 지고 나를 따를 것이니라"(눅 9:23).

10년간 날마다 말씀을 묵상하며 성경에 관련된 책과 여러 가지 묵상집 그리고 다양한 신앙 서적을 읽고 묵상 일기를 쓰면서 배운 것이 있다. '날마다'를 제대로 실천하려면 반드시 '오늘' 해야 한다는 것이다. 내일은 안 해도 된다. 그러나 오늘은 꼭 해야 한다. 반드시 해야 한다. 그러므로 오늘 그것이 가능하려면 '날마다'는 차선이 되어서는 결코 이룰 수 없다. 언제나 삶의 첫 자리, 우선이 되어야 한다.

말씀 중에 참 불편한 구절이 하나 있다. '거룩하라'는 말씀이다. 어떻게 그것이 가능하단 말인가? 정말 그럴 수 있단 말인가?

"오직 너희를 부르신 거룩한 이처럼 너희도 모든 행실에 거룩한 자가 되라" (벧전 1:15).

사람은 하나님의 형상대로 지어졌지만 타락하고 떨어져 나온 죄인 된 우리가 어떻게 거룩해질 수 있을까? 고민하고 또 고민하던 어느 날, 전혀 예상하지 못한 깨달음을 얻게 되었다. '부부는 닮는다'는 것이다. 왜 부부는 닮게 될까? 성격도 다르고, 환경도 다르고, 삶의 모든 취향도 다른 두 사람이 만나서 살아가는데 어떻게 닮는 것이 가능할까? 답은 간단하다. 같이 살기 때문이다. 삶의 모든 것들을 공유하며 긴 세월을 함께 지내다 보면 자신도 모르는 사이에 서로의 모습을 보고 닮아가게 되는 것이다. 이것이 거룩한 삶을 위해 취해야 할 진정한 동행의 모습이 아니겠는가!

거룩은 애써서 만들어 낼 수 있는 것이 아니다. 다만 날마다 주님과 함께 사는 것이다. 날마다 주님을 생각하고, 주님과 의논하고, 주님의 말씀을 듣고, 주님을 따르고, 주님과 동행하는 것이다. 그러다 보면 어느 날일지 알 수 없는 언젠가 주님과 닮아져 있는 나를 만나게 되는 것이다. 주님의 생각과 내 생각이 일치하고, 주님이 원하시는 것과 내가 원하는 것이 일치하는 순간을 만나게 되는 것이다. 그때 우리의 삶은 온갖 열매로 채워질 것을 기대할 수 있지 않겠는가.

'날마다'를 하는 이유는 바로 그것 때문이다. 날마다 주님과 함께하는 시간이 반복과 훈련과 연습을 거듭하다가 언젠가는 우리를 주님을 닮은 사람으로 세우는 것이다. 그러니 거룩한 습관이 우리에게 절실히 필요하다. 그리고 우리의 습관을 흉내 내며 따라오는 다음 세대에게 날마다 보여 주어야 할 일상의 습관에 '거룩'을 담아내기 위해 우리는 날마다 하나님의 말씀과 더불어 살아야 할 것이다.

31. '날마다'를 시작하는 이들을 위한 Q&A

Q1. 수년간 매일 큐티(Q.T.)를 했음에도 불구하고 변화를 경험하지 못하는 이유는 무엇일까?

일반적으로 성도들의 하루 묵상 시간은 평균 20분 정도라고 한다. 날마다 말씀을 읽고 묵상하는 시간이 중요함은 더 말할 나위가 없다. 하지만 큐티를 하는 대다수의 사람이 어려워하는 부분이 있다면 그것은 바로 '적용'하는 일이다. 읽고 묵상하며 느끼고 깨달은 것 같지만 말씀을 실제 삶에 녹여 내기란 그리 쉽지 않은 것이 사실이다.

단언컨대 하나님의 말씀에 순종할 힘이 작용하려면 묵상의 농도가 짙어져야 한다. 사람의 생각이나 음식의 맛이 깊어지기 위해서는 반드시 시간이 필요한 것처럼 묵상의 농도도 마찬가지다. 성령님은 우리가 말씀 묵상하는 일을 결코 구경만 하지 않으신다. 나의 경험에 의하면, 묵상의 깊이가 깊어질 즈음 성령님은 더욱더 많은 분량의 말씀과 시간 속으로 나를 이끌어 가셨다. 오히려 나보다 성령님이 더 기뻐하며 긴 시간을 함께하고 싶어 하셨다.

순종은 충만할 때 비로소 가능해진다. 마치 물 잔에 물이 다 채워지면 흘러넘치듯이, 충만은 말씀이 심령 속에 가득 채워져 차고 넘치게 되는 것을 의미한다. 말씀에 대해 믿음, 기쁨, 감사, 회개가 차고 넘칠 때, 그렇게 묵상의 농도가 짙어졌을 때 비로소 순종이 즐거워진다.

누구든지 묵상하는 시간에 진심을 담는다면 성령님이 더욱더 함께하고 싶어 하신다는 것을 느끼게 될 것이다. 그리고 그것에 민감하고 진실하게 반응한다면 묵상의 시간도, 깊이도 달라질 것이다. 그렇게 차고 넘치는 은혜는 내면으로부터 꿈틀대는 변화를 시도할 것이다. 하루는 1,440분이다. 20분으로 나머지 1,420분 동안 보고 듣고 살아가는 삶의 방향을 쉽게 바꿀 수 있을까? 진심으로 원한다면 묵상의 농도를 점검하기 바란다.

Q2. 날마다 보고 듣는 것을 바꾼다는 것은 무엇을 의미하는가?

삶의 변화를 원한다면 보고 듣는 것에 변화를 주어야만 새로워질 수 있다. 이것은 지금까지 살아왔던 삶의 패턴에 또 다른 보고 들음을 첨가한다는 의미가 아니다. 기존에 즐겨 하던 것을 유지하면서 새로운 것을 추가하는 것은 아무런 의미가 없다. 그것은 변화가 아니다. 변화는 바꾸는 것이고, 달라지는 것이다.

날마다 하나님의 말씀을 보고 듣는 일은 '추가'가 아닌 '우선'의 이야기다. 날마다 하나님의 말씀을 보고 듣는 것을 가장 중요한 일로 여기며 살아간다는 것이다. 이는 해도 되고 안 해도 되는 것이 아니라, 하루의 삶에서 반드시 해야 하는 일이다.

말씀을 보고 음성을 듣는 일은 내가 하는 여러 가지 중에 또 하나를 하는 것이 아니라 가장 우선이 되는 일을 하는 것이다. 묵상은 자기 계발이 아니라 하나님을 대면하는 시간이기 때문이다. 많은 사람이 이미 여러 가지 방법으로 말씀을 묵상하고 있다. 그러나 그것이 여러 가지 보고 듣는 일 중의 하나일 뿐, 가장 중요한 우선의 문제가 아니라면 삶의 변화에 많은 의문을 남기게 될 것이다.

우선의 문제는 절대적이다. '우선'의 문제가 정리되면 다음에는 '버림'의 문제가 발생한다. 불필요한 것들은 과감히 버려야 한다. 그래서 묵상이 깊어질수록 단순한 삶의 걸음을 걷게 된다. 보고 들음을 바꾸는 것은 삶의 우선순위를 정리하는 것이며, 날마다 말씀을 보고 들음의 묵상은 '우선'을 위해 불필요한 것들을 내려놓고 버리는 것에서부터 시작된다.

Q3. '날마다'를 통해 보고 듣는 것을 훈련하는 진정한 목적은 무엇인가?

'보고 들음'은 '변화'라는 목적을 이루기 위한 하나의 수단이요, 방법이다. 묵상이나 큐티도 그렇고, 예배도 마찬가지다. 만일 매일 큐티를 한다는 것 자체만으로, 또는 주일에 교회에 함께 모여 예배드리는 것만으로 신앙생활에

만족하려 한다면 삶에서 일어나는 변화를 맛볼 수 없다. 그동안 이런 사람들의 영적 이중생활을 적나라하게 보아 왔기에 '변화'에 대한 고민이 깊었던 것이다.

왜 말씀을 묵상하는가? 왜 하나님의 음성을 듣고 싶어 하는가? 이러한 묵상의 이유와 목적조차 생각하지 않는 '큐티 마니아'가 되어 버린 것은 아닌지, 우리는 각자 스스로를 돌아볼 필요가 있다. 변화를 경험하지 못하고 지속되는 말씀 묵상은 자칫 '자기 의'가 될 수도 있기 때문이다. 말씀 묵상은 얼마나 오랫동안 많은 말씀을 보고 듣고 알고 깨닫는가의 문제가 아니라, 말씀대로 살기 위한 것이다. 지켜 행하는 것은 '보고 들음'을 삶에 그대로 실천하는 것이며, 그것을 통해 삶의 변화를 이루고자 하는 것이 '날마다'나 '큐티'를 하는 본래의 목적이다. 그러므로 날마다 말씀을 보고 들음으로 묵상하는 것은 우리에게 주신 사명, 목적, 인도하심을 따르기 위한 한 방법이 된다.

운동선수의 훈련 목적은 경기장에서 승리하기 위한 것이다. 훈련 자체가 인생의 목적이 되는 선수는 진짜 운동선수가 아니다. 그런 자는 선수가 될 수 없다. 우리도 주님의 뜻을 따라 살기 위해 묵상함을 잊지 말아야 한다. 순종하지 않는 묵상, 지켜 행하지 않는 말씀, 적용하고 따라가려는 결단이 없는 '날마다'는 우리에게 아무런 변화를 가져다줄 수 없다.

Q4. 일상에서 승리하는 그리스도인이 되기 위해 '날마다'는 어떤 도전을 주는가?

우리는 그리스도인으로 살면서 종종 특별한 일에는 승리하고 아주 평범한 일상에서는 실패하는 경우가 많다. 성경의 이야기는 일상의 이야기가 아니라 특별한 사건들의 기록이다. 에녹이 300년 동안 하나님과 동행했다는 것은 아주 특별한 이야기다. 하지만 성경 어디에서도 109,500일(300년) 동안에 에녹이 어떻게 매일매일 하나님과 동행했는지에 대한 기록은 찾아볼 수 없다.

다윗이 골리앗을 쓰러뜨린 이야기는 성경에 있지만, 보이지 않는 일상에서 다윗이 양을 치는 동안 수없이 많은 물매를 돌리며 연습하는 내용은 찾아볼 수 없다. 예수님의 공생애가 시작되기 전인 30년 일상의 기록은 단 한 줄로 남겨졌다(눅 2:51). 다시 말하지만, 성경에는 일상의 기록이 아니라 특별한 사건의 기록들이 남겨져 있다.

우리의 삶은 특별하지 않다. 단지 평범한 일상을 살아갈 뿐이다. 그러나 일상이 모여 특별한 날을 만들게 됨을 보여 줄 수는 있다. 이것이 바로 날마다 보고 들음의 삶이며, 인내하며 견뎌 내는 삶이다. 평범함의 반복이 비범함을 만들어 내는 것임을 잊지 말자.

'날마다'도 평범한 일상에 도전하는 일이다. 특별한 무슨 비법 같은 것이 아니다. 일상을 살듯이 날마다 말씀 앞에 서는 일이다. 말씀과 더불어 생각하고, 말씀과 더불어 숨 쉬고, 말씀과 더불어 일하고, 말씀과 더불어 훈련하며, 말씀에 응답하며 하루를 사는 것이다. 그 하루는 평범하지만, 놀랍게도 성령 안에서 사는 하루는 절대 평범하지 않다.

Q5. '날마다'에서 자기중심적인 해석은 어떤 위험성이 있는가?

말씀 묵상의 최고 위기, 최고의 위험성은 자기 마음대로 생각하는 것이다. 자기중심적인 해석은 하나님을 오해하게 만들며, 변덕스러운 하나님을 만나게 한다. 그런 자에게서는 성장하는 모습을 찾아볼 수 없다. 미성숙한 채로 교회 안에서 세월만 보내다 보니 익숙해진 것은 많아서 말은 많지만, 실속은 없다. 능력도 없다. 그러다 보니 생명력을 찾아볼 수 없다. 그래서 매일매일 너무 쉽게 응답받았다고 말하는 이들을 만날 때면 내심 걱정이 앞선다. 종종 말씀을 너무나도 간단하게 자기 해석으로 풀어 내려가는 이들을 볼 때는 약간의 두려움을 느끼기도 한다. 또한 자신이 좋아하는 말씀을 아무 때나 아무 상황에 갖다 붙여 적용하려는 이들을 볼 때는 때로 아찔해지곤 한다.

올바른 묵상을 위해서는 먼저 하나님이 어떤 분이신지를 바르게 알고 이해하는 것이 절실히 필요하다. 내 생각에 앞서 성령님의 조명을 받으려는 태도와 그 기다림의 시간이 반드시 필요하다. 그러므로 말씀 묵상은 무엇보다도 기도의 시간과 깊이와 병행되어야 할 일이다.

Q6. 말씀의 저자가 성령님이시라는 사실을 진짜 믿는가?

날마다를 10년간 해 오면서 성령님의 인도하심으로 인해 매우 분주했다. 처음에는 아무런 느낌도, 깨달음도, 간섭도, 감동도 없었다. 그저 하기로 마음먹었으니 해야 한다는 의무와 약속 때문에 계속 진행해 나갔다. 그러나 시간이 지나면서 점점 알게 되었다. 성경의 저자이신 성령님은 날마다 말씀을 묵상하며 씨름하고 있는 나에 대해 굉장히 흥분하고 계셨다는 것을 말이다. 그분은 나를 굉장히 예민하게 지켜보고 계셨다.

성령님은 알고 싶으셨던 것 같다. '과연 얼마나 할 것인가? 진짜 해 보려는 것인가?' 그리고 시간이 지날수록 간섭하고 참견하는 일들이 많아지셨다. 내가 반응하면 성령 선생님의 레슨 강도는 더 강해졌다. 많은 경우에 개입하시기 시작했다. 반면에 미적거리면 기다리면서 계속해서 사인을 보내어 이끌어 가셨다.

말씀은 살아 있다. 말씀에는 생명력이 있다. 좌우에 날 선 검보다 예리해서 혼과 영과 관절과 골수를 찔러 쪼개기까지 한다는 것을 나는 날마다 말씀을 묵상하면서 진짜로 믿게 되었다. 말씀 묵상의 핵심은 내가 날마다 그렇게 하는 것이 아니라, 내가 묵상하는 말씀의 저자이신 그분의 권위에 대해 믿고 따라가는 것이다. 오늘도 여전히 말씀하시는 성령님에 대한 신뢰가 있는가? 이것이 핵심이다.

오늘도 우리 곁에 서서 말씀하시는 그분에게 '아멘'이라고 말할 준비가 되어 있는가? 무슨 말씀을 하시든지 '아멘'할 수 있는가? 말씀 묵상을 하면서 변화를 주시는 주님을 만나지 못하는 것은 오히려 이상한 일이 아닐까? 왜냐하면 성령님은 전에나 지금이나 계속해서 우리에게 말씀하고 계시기 때문이다.

Q7. '날마다'를 가장 잘할 수 있는 방법은 무엇인가?

10년을 넘어 11년째 '날마다'를 실천하며 배운 것이 있다. 가만히 있으면 아무것도 진행되는 것이 없다는 것이다. 하지만 해 보면 길이 열린다. 그리고 쉬지 않고 계속 반복하면 전혀 예상하지 못한 다른 길이 또 보이게 된다. 그렇게 또 하루를 이기고 나면 새로운 생각이 계속해서 떠오른다. 순종은 하나님의 명령이지만, 순종을 명하신 하나님의 진의는 순종할 때에야 비로소 알 수 있다. 순종은 하나님이 아닌 우리에게 복이 된다는 사실을 말이다. 그래서 멈추지 말고 계속해야 한다.

나는 나와 똑같은 방법으로 '날마다'를 해 보라고 권하고 싶지는 않다. 하나님은 사람을 다양하게 만들고 인도하신다고 믿기에 사람마다 각각의 방법으로 묵상하는 것이 바르다고 생각한다. 하지만 반드시 부탁하고 싶은 것이 있다. 한두 번만 하지 말고 매일, 날마다, 쉬지 말고, 계속해서, 끈기 있게 하라는 것이다. 절대 내일로 미루거나 연기하지 말고, 나중으로 돌려놓지 말고 오늘 꼭 해야 함을 강조해서 말하고 싶다.

'날마다'는 말로만이 아니라 몸으로 해야 한다. 지겹고 힘들 때 멈추지 말고 하루만 더 하자. 대충 해치우며 묵상하게 되는 날도 있을 수 있다. 그래도 하루만 더 하자. 그러면 어느 날 그 반복된 일상이 평범함을 넘어 비범함으로 다가오게 될 것이다. 말씀 앞에 설 때 우리보다 더 흥분하고 이끄시는 성령님의 역사하심을 믿고 일상에서 날마다 보고 들음에 대한 변화를 시도하면서 말씀으로 삶의 변화에 도전해 보자!

Q8. '날마다'를 효과적으로 시작하는 방법은 무엇인가?

'날마다'는 개인의 묵상 훈련이다. 그러나 한 가지 일을 혼자서 꾸준히 해 나가다 보면 쉽게 한계에 부딪히게 된다. 꾸준함이란 사람이라면 누구나 열망하는 소중한 덕목인 만큼 매우 어려운 일이기도 하다. 따라서 할 수만 있다면 두 사람 이상 소그룹을 만들어서 함께하기를 권한다. 특히 교회 공동체가 함께한다면 열렬히 응원해 주고 싶다. 나 역시 우리 교회 공동체가 함께했기에 가능한 일이었다.

'날마다'를 하면서 절실히 느낀 것은 기록의 중요성이다. 그날의 '날마다'를 마치고 나면 반드시 노트에 기록해서 남길 것을 권한다. 오늘 무엇을 얼마만큼 했는지 단 몇 줄만 기록하면 된다. 그렇게 꾸준히 기록하다 보면 언젠가 너무나도 자연스럽게 묵상 일기를 쓰고 있는 자신을 보게 될 것이다. 무엇이든 기록으로 남기는 일은 진심으로 하게 될 뿐만 아니라 자신이 하고 있는 일을 더 소중하게 만들어 준다.

'날마다'를 시작할 때는 가장 최소의 분량을 정해서 하는 것이 좋다. 무리하게 많은 분량으로 시작하면 며칠 못 가서 지치게 된다. 중요한 것은 얼마나 많은 양의 말씀을 묵상하느냐가 아니라, 날마다 이것을 가능하게 하느냐 하는 것이다. 스스로에게 가능한 분량으로 '날마다'를 지켜 행하다 보면 익숙해질 즈음 성령님이 마음을 두드리시는 소리를 듣게 될 것이다. 각 사람에게 주시는 성령님의 감동을 따라 조금씩 '날마다'의 분량을 늘려 가면 된다. 그 분량에는 제한이 없다.

Q9. 교회 공동체가 '날마다'에 도전하려 한다면 무엇을 어떻게 준비해야 할까?

1. **뜻을 정하기** : 모든 준비에 우선되어야 할 것은 신앙생활의 변화를 위한 도전에 공동체가 함께 뜻을 정하는 것이다. 왜 변화가 필요한지, 그것을

위해 왜 '날마다'가 필요한지 그 이유를 설명하고 이해시키며 함께 도전할 것을 권유하고 설득해야 한다.

2. **함께 묵상할 말씀 정하기** : 성경의 어떤 책부터 시작할 것인지를 정하고 1년 혹은 몇 년간 묵상할 범위를 미리 계획해 둔다. 그리고 매일 정해진 분량의 말씀을 날마다 정독하며 묵상한다. 이때 성경 66권을 묵상하기 좋게 잘 풀이한 책을 교재로 사용해서 같이 읽고 묵상하면 좋다.

3. **특별 프로그램을 갖기** : 중간중간 지루해지지 않도록 감사 훈련, 성경 암송, 성경 통독, 일대일 제자 훈련 및 성경 공부와 같은 활동을 병행하거나 묵상 훈련에 도움이 될 만한 도서를 선정해 날마다 표를 만들어 묵상하는 기간을 갖는다. 또는 365일 묵상집을 '날마다'에 병행시킨다.

4. **주보에 '날마다'를 기록하기** : 현재 '날마다'가 어떻게 진행되고 있는지, 어디까지 이르고 있는지를 주보에 기록해서 늘 인식할 수 있도록 한다. 혹시 놓치는 사람들이 있어도 언제든지 다시 시작할 수 있도록 광고 때마다 '날마다'를 독려한다.

5. **나눔을 위한 소그룹 활동하기** : 주 1회 소그룹으로 모여 한 주간 묵상한 말씀을 나눈다. 이때 가장 먼저 감사를 나누게 한다. 이것은 하나님에 대해 무너져 가는 그리스도인들의 시각을 바로잡기 위한 매우 중요한 훈련이다. 소그룹에서 감사와 묵상한 말씀과 기도 제목을 나누는 일은 함께 하나님을 찾고 만나는 일에 매우 영향력 있는 성도의 교제가 된다.

6. **교회의 전 연령층이 함께하기** : 장년에서 어린아이까지 모든 연령층이 같은 말씀으로 '날마다'를 하는 것을 원칙으로 한다. 교회학교도 마찬가지로 그 맥락으로 예배하고 교육한다. 이미 잘 알려진 큐티 프로그램과

같은 형식을 활용할 수도 있다.

7. **가장 강력한 무기는 주일 예배 설교** : 한 주간 공동체가 함께 묵상한 말씀을 담임목사가 잘 정리해서 은혜의 양식이 되도록 설교를 준비한다. 또는 한 주간의 말씀 중에 가장 중요한 본문으로 설교를 한다. 성도들이 설교를 통해 한 주간의 묵상이 잘 정리되고 힘을 얻는 시간이 되도록 한다. 또한 예배를 통해 말씀을 들음으로 '날마다'에 계속 도전할 마음을 정할 수 있게 한다.

Q10. '날마다'가 익숙해지기 위한 부수적인 노력에는 어떤 것들이 있는가?

사람이 변화되는 것은 눈에 더디게 보이는 일이다. 그만큼 많은 시간이 필요하다. 하지만 사람들은 눈에 보이는 빠른 변화를 기대한다. 조급하고 인내심이 부족하다. 그뿐 아니라 작은 일에 대해 좋은 습관을 갖는 것을 소홀히 한다. 따라서 일상생활에서 '날마다'로 좋은 습관을 갖기 위한 노력이 필요하다.

예를 들어, 나는 교인들에게 '날마다'의 효과를 설득하기 위해 다양한 방법으로 일상에 도전했다. 그중에 하나가 피부 관리다. 주름이 많고 칙칙하고 거친 피부에 아이크림과 선크림 등 날마다 다섯 가지 이상의 화장품을 바르기 시작했다. 또한 비타민 복용하기, 만 보 걷기 등 다양한 도전을 하며 그것을 어떻게 실천하고 있는지를 교인들에게 계속 공유했다.

무엇이든 도전해서 날마다 실천하는 연습은 '날마다'를 성실하게 할 수 있게 해 주는 또 다른 자극제 역할을 한다. 10년이 지난 지금 그 효과는 달리 설명이 필요 없다. 나는 교인들에게 말한다. 나를 보라고, 반드시 효과는 나타난다고 말이다. 하물며 '날마다' 보고 듣는 하나님의 살아 있는 말씀이 우리를 변화시키지 않겠는가. 그러니 시작했다면 포기하지 않기를 바란다.

날마다 행하는 좋은 습관을 위한 훈련은 말씀 묵상의 힘을 우리가 살아가는 일상으로 자연스럽게 확장해 나가게 해 준다. 또한 교회 일은 거룩하고 교회 밖에서 이루어지는 일은 거룩하지 않은 것처럼 생각하는 신앙의 고정관념을 깰 수 있게 도움을 주기도 한다. '모든 것은 말씀과 기도로 거룩해진다'고 한 말씀처럼, 우리가 믿음 안에서 예수의 이름으로 행하는 모든 일에는 선한 능력이 주어질 것이다.

'날마다'로 준비한 결혼

심한보, 조아람 가정

목사님께서 성경 전권의 '날마다' 훈련을 마치고 결혼하면 어떻겠느냐는 권면을 하셨을 때 처음엔 얼떨떨했습니다. '결혼하고 하면 안 되나?'라는 생각도 들었습니다. 그런데 기도하던 중이었기에 하나님의 권면으로 받아들여져서 그렇게 '날마다'의 여정을 시작하게 되었습니다. 당시 막연하게만 보이던 저희의 미래만큼이나 한 치 앞도 보이지 않는 '날마다'라는 여정에 작은 돛을 올린 것이 벌써 10년이 되었습니다. 돌아보면 그 시간 동안 '날마다'의 말씀 훈련, 감사 훈련들이 저희 가정의 초석이 되었습니다.

사실 '날마다'를 하며 가장 힘들고 여전히 어려운 점은 오늘 하루 말씀 본다고 삶이 즉각적으로 달라지거나 변화되는 것은 아니라는 것입니다. 그런데 '날마다'에 여전히 기대하는 마음으로 임하게 되는 것은, 수많은 '날마다'의 '오늘'이 겹겹이 겹쳐 하나님이 저희 부부를 남편과 아내로, 아빠와 엄마로 세밀하게 변화시켜 주셨기 때문입니다. 그리고 그 변화되어 가는 모습을 서로가 확인할 수 있는 은혜에 대한 신뢰와 확신이 저희 부부 가운데 이미 자리 잡았기 때문입니다. 반복되는 일상에서도 주님과 동행하는 기쁨을 찾게 도와주는 '날마다'의 생활은 평범한 오늘을 좋은 선물로 바꿔 줍니다. 더욱 특별한 선물은 이제 저희 부부의 '날마다' 여정에 다섯 살 딸아이도 함께 2년째 걸으며 은혜를 발견하고 나누게 되었다는 것입니다. 여전히 눈에 또렷이 보이는 변화는 아니지만, '날마다'는 마치 우리 가족을 주님과의 동행의 길에서 벗어나지 않게 이끌어 주는 지도를 보는 일과 같습니다. 지난 10년간 인도해 주시고 오늘도 우리 시간의 주관자 되시는 하나님에게 감사를 드립니다.

1. 당신의 삶에서 가장 바꾸고 싶은 과거는 무엇인가요?

2. 당신의 현재는 10년 전과 비교했을 때 얼마나 다른 모습으로 바뀌어 있나요?

3. 당신의 10년 후는 어떤 모습으로 바뀌어 있기를 희망하나요?

∞ 그룹 미션

10년 이상 꾸준히, 습관처럼 하고 있는 일이 있다면 무엇인지 서로 나누어 봅시다. 만일 없다면, 꾸준히 할 수 있는 일을 서로에게 권면해 봅시다.

∞ 개인 미션

예수님으로 가득 채우고 말씀과 함께 살아가기 위해 내려놓고 실천해야 할 목록들을 작성하고 하나씩 도전하기를 시작해 봅시다.

성경에는 많은 사건이 기록되어 있습니다. 그것은 매우 특별한 일입니다. 이스라엘 백성은 길고 긴 세월 동안 광야에서 날마다 기적을 보았습니다. 낮에는 구름 기둥으로, 밤에는 불기둥으로 낮과 밤을 가리지 않고 그들을 인도하시는 하나님을 경험했습니다. 하늘에서 비같이 내려오는 만나와 메추라기로 주리지 않게 하며 그들을 한결같이 먹이시는 하나님도 경험했습니다. 성막에 거하며 그들 곁에서 항상 함께하시는 하나님도 경험했습니다. 광야 40년 동안 그렇게 다양한 하나님의 기적을 보았습니다. 그러나 그들은 너무 자주 하나님에게 불순종했습니다. 왜 그랬을까요? 그들은 하나님의 기적 같은 은혜를 일상으로 가지고 오지 못했기 때문입니다. 하나님의 기적을 당연하게 여기고 자만했기 때문입니다.

구름 기둥과 불기둥, 만나, 성막은 하나님의 살아 계심을 이스라엘 백성에게 일깨워 주는 사건입니다. 그 하나님은 지금 우리 안에도 거하십니다. 우리는 일상에서 먼저 하나님의 살아 계심을 깨달아야 합니다. 우리의 일상 속에 여전히 살아 계신 하나님을 만나야 합니다. 함께 계신 하나님이 무엇을 원하시는지, 무슨 말씀을 하고 싶어 하시는지 보고 들어야 합니다. 일상에서 하나님을 찾는 사람이 특별한 일에서도 하나님을 찾을 수 있습니다. 일상에서 하나님을 만나는 사람이 특별한 일에서도 하나님을 만날 수 있습니다. 일상에서 하나님을 기쁘시게 하는 사람이 특별한 일에서도 하나님을 기쁘시게 할 수 있습니다.

우리는 일상 속에서 날마다 무엇을 보고 들을 것인지 선택해야 합니다. 너무 자주 하나님을 잊어버리고 살지는 않는지 자신의 일상을 자주 돌아보아야 합니다. 각자의 삶에서 날마다 하나님을 기억하고 그 속에 살아 계시는 하나님을 경험할 수 있어야 합니다. 하나님이 이스라엘의 여정 속에 구름 기둥과 불기둥으로 살아 계셨던 것처럼, 만나로 임하셨던 것처럼, 친히 성막을 지으시고 그 가운데 거하셨던 것처럼, 오늘 우리와도 '임마누엘!'로 함께하고 계십니다!

광야에는 길이 없습니다. 하나님만이 길을 내고 인도해 주십니다. 성경은 특별한 사건을 기록하고 우리에게는 그것을 거울삼아 일상을 살라고 하십니다. 이제 하나님의 말씀이 일상으로 임하도록 다시 손을 내밀어 봅니다. 보다 더 단단히 하나님의 말씀을 붙잡고 싶습니다. 날마다 보고 듣는 것을 하나님의 말씀으로 하루하루 채워 갑니다. 그렇게 주의 날이 가까워 옴을 볼 때까지 '날마다'에 힘쓰려 합니다. 우리 함께 '날마다' 합시다!